U0755864

司法部"人民监督员立法问题研究"课题

（编号：15SFB4004）

A PROBE INTO THE LEGISLATION
ON PEOPLE'S SUPERVISORS

# 人民监督员
# 立法问题研究

**主　编**　郭　华　陈俊生

**撰稿人**（以姓氏笔画为序）

王　磊　王蕾蕾　孙灵珍　刘　颖　邬巧莹

李　伟　陈俊生　陈春祺　陈　颖　宋冠超

杨　璐　费翔红　赵勇建　郭　华　顾亚慧

贾语真　曹　月　韩　笑　谭趁尤

中国政法大学出版社

2020·北京

图书在版编目（CIP）数据

人民监督员立法问题研究/郭华，陈俊生主编.—北京：中国政法大学出版社，2020.6
ISBN 978-7-5620-7371-0

Ⅰ.①人…　Ⅱ.①郭…　②陈…　Ⅲ.①司法监督—立法—研究—中国　Ⅳ.①D926.34

中国版本图书馆CIP数据核字(2020)第102388号

--------------------------------------------------------------------------------

出　版　者　中国政法大学出版社

地　　　址　北京市海淀区西土城路 25 号

邮寄地址　　北京 100088 信箱 8034 分箱　邮编 100088

网　　　址　http://www.cuplpress.com (网络实名：中国政法大学出版社)

电　　　话　010-58908289(编辑部) 58908334(邮购部)

承　　　印　固安华明印业有限公司

开　　　本　880mm×1230mm　1/32

印　　　张　8

字　　　数　180 千字

版　　　次　2020 年 6 月第 1 版

印　　　次　2020 年 6 月第 1 次印刷

定　　　价　45.00 元

# 编写说明 WRITE INSTRUCTIONS

本书是司法部"人民监督员立法问题研究"（15SFB4004）最终的研究成果。因检察机关职务犯罪侦查职权的转隶以及司法改革的不断深化，使得我们对本课题的研究一直处于探讨与探索之中。研究成果形成并经专家评审通过后，又历经了多次修改和不断论证后才付梓。本课题在研究过程中得到了司法部、最高人民检察院有关领导的指导和支持，是实务部门与学界集体智慧的结晶，对他们为课题研究付出的努力和做出的贡献表示衷心的感谢。

本课题的主持人郭华（中央财经大学法学院教授，博士生导师），陈俊生（司法部政治部副主任兼人事警务局局长，全国律师行业党委副书记）。参加人员有司法部的王磊、费翔红、宋冠超、杨璐，最高人民检察院的孙灵珍、陈颖、赵勇建，中央财经大学法学院的李伟（副院长，法学博士），王蕾蕾（中央财经大学法学院法学博士研究生），广西科技大学的谭趁尤（中央财经大学法学院法学博士研究生），南京审计大学的曹月（中央财经大学法学院法学硕士），中国政法大学的韩笑（法学博士研究生），中国人民公安大学的顾亚慧（法学博士研究生），天津永泰恒基投资公司的刘颖

(中央财经大学法学院法学硕士)，中国航天科技集团有限公司的邬巧莹（中央财经大学法学院法学硕士），中信银行股份有限公司杭州分行陈春祺（中央财经大学法学院法学硕士），北京市通州区住房和城乡建设委员会贾语真以及秦凯律师（中央财经大学法学院法律硕士）等。

本课题研究参考和引用了有关专家学者的研究成果，对他们表示诚挚的谢意！本课题尽管研究的时间较长，讨论的次数较多，因相关规定的变化，依然存在一些不足，敬请专家学者以及读者提出宝贵的建议与意见，为我们进一步推进人民监督员制度建设提供智识支持。

人民监督员制度研究课题组

2020 年 4 月 14 日

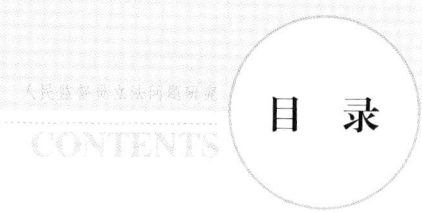

**目　录**

CONTENTS

# 导 言

我国的监督制度包括党的监督、人大权力监督、政协民主监督、新闻舆论监督、检察机关检察监督、监察委员会监察监督和人民群众的社会监督等制度。其中,我国检察机关作为宪法确定的"国家的法律监督机关",在办理刑事案件过程中还应接受同级公安机关和审判机关的制约,同时还接受人民监督员的监督。监察委员会属于专司监察公权力的专责机构,接受党的领导的同时,还受同级人大以及上级监察委员会的监督。监察机关办理职务违法和职务犯罪案件与检察机关、执法部门互相配合,互相制约,在其相互配合中需要人民监督员予以监督。

人民监督员作为一项制度肇始于对检察机关检察权的监督,是继人民陪审员制度和人民调解员制度之后建立起来的又一充分体现人民性的创新制度,也是推进司法体制改革的一种制度探索。它是根据我国的政治体制、司法体制以及新时代中国特色社会主义的国情等探索与创建的,是针对检察权行使的一项外部监督制度,属于我国司法实践中的一项制度创新和独具特色的制度建设。人民监督员制度作为人民群众有效参与国家管理、参与国家事务的一种方式,是检察机关听取人民群众意见、接受群众监督的一种途径,也是检察机关需要主动表现出来的一种积极接受监督的政治姿态。这一中国独有的制度在建设中国特色社会主义法治体系和推进全面依法治国中具有特别重要意义，在我国政治体制改革中也颇具创新价值。

党的十九大报告指出："把党内监督同国家机关监督、民主监督、司法监督、群众监督、舆论监督贯通起来，增强监督合力。"随着监察体制改革和检察制度改革的深入推进，这一源于解决"谁来监督检察机关"尤其是针对"自侦案件"检察权的人民监督员制度也在不断变化。学界一度曾对于人民监督员制度是否因其衍生"母体"的职能转隶或者职能的整合就此"终结"抑或是继续保持独有的"制度自信"，对于是否按照党的十八届四中全会提出的"完善人民监督员制度"继续"前行"并不断完善存在争议，就人民监督员制度的存废问题展开了一场"别开生面"的讨论。2018 年 10 月 26 日，第十三届全国人民代表大会常务委员会第六次会议修订并通过的《中华人民共和国人民检察院组织法》（以下简称《人民检察院组织法》）将人民监督员作为了一项法律制度，确立了它的法律地位。该法第27 条规定："人民监督员依照规定对人民检察院的办案活动实行监督"。也就是说，人民监督员的监督范围从原先仅针对检察机关直接办理犯罪案件活动的"十一种情形"[1]的监督扩张至所有办案活动，覆盖检察机关办理的各类案件和各项诉讼职权。2019 年 12 月 2 日最高人民检察院第十三届检察委员会第二十八次会议通过的《人民检察院刑事诉讼规则》也对此作出了规定。

---

〔1〕 所谓"十一种情形"，包括：①应当立案而不立案或者不应当立案而立案的；②超期羁押或者检察机关延长羁押期限决定不正确的；③违法搜查、扣押、冻结或者违法处理扣押、冻结款物的；④拟撤销案件的；⑤拟不起诉的；⑥应当给予刑事赔偿而不依法予以赔偿的；⑦检察人员在办案中有徇私舞弊、贪赃枉法、刑讯逼供、暴力取证等违法违纪情况的；⑧犯罪嫌疑人不服逮捕决定的；⑨采取指定居所监视居住强制措施违法的；⑩阻碍律师或其他诉讼参与人依法行使诉讼权利的；⑪应当退还取保候审保证金而不退还的。

该规则第 12 条规定："人民检察院办理刑事案件的活动依照规定接受人民监督员监督。"也意味着《党的十八届三中全会重要改革举措实施规划（2014—2020 年）》提出的"实现人民监督员制度法制化"改革要求已初步完成。尽管人民监督员监督活动已有法律依据，对人民监督员制度的选任管理机制、案件范围、工作机制等问题也存在一些细化性或者落实性的规定，但对人民监督员制度作为一项法律制度而言，尚存在进一步推进制度建设和扩大适用范围的空间，无论在理论上还是在法律完善上抑或在实践落实上均需要进一步研究和深入探索。新时期，对于如何推进人民监督员制度不断发展，如何最大限度地发挥人民监督员的监督职能，如何保证人民监督的人民性、普遍性等问题上仍需进一步探索。

## 一、人民监督员制度的发展历程与考察

人民监督员制度是按照党的十六大关于推进司法体制和工作机制改革的要求，根据宪法关于一切国家机关必须倾听人民的意见、接受人民监督的规定，由最高人民检察院报告全国人民代表大会常委会并经中央同意试行的一项重要司法改革。这项改革旨在通过选任的公民有序参与司法活动，强化对人民检察院查办职务犯罪等工作的监督，促进其提高执法水平和办案质量，有效加快检察队伍建设，增强检察机关办理案件的权威性。尽管最初设计人民监督员制度为主要解决检察机关的自侦问题已经不存在，但在新时期对其历史予以回顾依然具有价值。

人民监督员制度从 2003 年制度试点到 2018 年《人民检察院组织法》确定，经历了四个阶段：

（一）试点阶段

2003 年，最高人民检察院将实施人民监督员制度报经中央批准并报告全国人大常委会同意后开始试点。同年 8 月，最高人民检察院部署在辽宁、内蒙古、天津等 10 个省、自治区、直辖市检察机关启动人民监督员试点工作。同年 10 月 15 日，最高人民检察院颁布了《关于人民检察院直接受理侦查案件实行人民监督员制度的规定（试行）》，该规定第 6 条规定："人民监督员由机关、团体、企事业单位推荐，征得本人同意，由检察长颁发证书。"人民监督员从 2003 年 8 月试点到 2004 年 5 月底，全国 625 个试行人民监督员制度的人民检察院，共选任人民监督员 6240 名，每个检察院平均 10 名左右。这些成员既有广泛的社会性和群众基础，其监督司法体现民众对司法的参与性，又有相当的群众代表性，代表着不同层面的民众对执法行为进行监督并做出评价。这一制度的实施，不仅规范了检察权的有效运行，提高了检察机关的司法水平与办案质量，而且还降低了实践中办案不文明、不规范的投诉数量，强化了人们对司法公正性的获得感，其意义不可低估。

2004 年《中央司法体制改革领导小组关于司法体制和工作机制改革的初步意见》指出：人民检察院办理职务犯罪案件实行人民监督员制度，可继续进行试点工作。研究相关法律问题，依法规范并不断完善人民监督员制度。为了规范和完善人民监督员制度，最高人民检察院制定了一系列的规定。2004 年修订了《关于实行人民监督员制度的规定（试行）》（高检发〔2004〕18 号）；2005 年发布了《关于人民监督员制度试点工作若干具体问题的意见》和《关于人民监督员监督"五种情形"的实施规则（试行）》。这些规定、意见和规则促进了人民监督员制度的不断发展与完善。在试点期间，人民监督员共监督检察机关拟撤销、拟不起诉和犯罪嫌疑人不服逮捕"三类案件"共计 32 304 件。其中不同意检察机关拟处理意见的 1635 件，检察机关采纳 1054 件。对检察机关应当立案而不立案或者不应当立案而立案的，超期羁押的，违法搜查、扣押、冻结的，应当给予刑事赔偿而不依法予以确认或者不执行刑事赔偿决定的，检察人员在办案中有徇私舞弊、贪赃枉法、刑讯逼供、暴力取证等"五种情形"提出监督意见 1000 余件。2004—2010 年间，全国"两会"在审议最高人民检察院工作报告时，人大代表和政协委员对人民监督员制度高度关注并给予充分肯定，提出人民监督员制度立法的议案 20 项、提案 4 项和建议 8 项，并要求将人民监督员制度纳入国家法律规范。

　　党的十七大提出深化司法体制改革的要求后，最高人民检察院根据中央司法体制改革的统一部署安排会同有关机关就深化人民监督员制度改革问题进行广泛深入的调研论证，对试点工作进行了全面系统的认真总结，针对试点中存在的问题提出了改革和完善措施，形成改革具体实施意见后向中央政法委做了汇报。2010 年 9 月，中央政法委第十五次全体会议暨司法体制改革第七次专题汇报会，专门听取了最高人民检察院关于深化人民监督员制度改革有关情况的汇报，同意检察机关从 2010 年 10 月起全面推行人民监督员制度。2007 年，有 200 多名全国人大代表提出议案和建议，建议将人民监督员制度写入《人民检察院组织法》，[1] 用法律形式将人民监督员制度固定下来，以便增强其权威性，满足实践对其的诉求。

---

〔1〕 欧旭东、董华洁："人民监督员制度急需健全法律规定"，载《工人日报》2008 年 6 月 16 日，第 7 版。

（二）改革阶段

人民监督员制度自 2010 年正式实施以来，在实践中取得了显著成效，各地根据实际开展了有关立法方面的探索。四川、云南、甘肃、湖南、安徽、黑龙江、重庆等省、市人大常委会均通过了关于人民监督员制度的决议或决定，为人民监督员制度入法奠定了坚实基础。截至 2010 年 9 月，全国共有 3137 个人民检察院开展了人民监督员试点工作，占人民检察院总数的86.5%。试点的人民检察院先后选任人民监督员 3 万多人次。其中，工人、农民、军人、企业职员和少数民族公民、妇女等各占一定比例，具有充分的广泛性、代表性和民主性。基于人民监督员制度发展的需要，2013 年党的十八届三中全会提出"广泛实行人民陪审员、人民监督员制度，拓宽人民群众有序参与司法渠道"。十八届四中全会要求"完善人民监督员制度，重点监督检察机关查办职务犯罪的立案、羁押、扣押冻结财物、起诉等环节的执法活动"。2014 年 9 月 5 日，最高人民检察院下发了《人民监督员监督范围和监督程序改革试点工作方案》，要求进一步探索健全和完善人民监督员制度。2014 年 9 月 10 日，最高人民检察院、司法部印发《关于人民监督员选任管理方式改革试点工作的意见》，该意见明确了司法行政机关负责选任管理人民监督员，调整了人民监督员的选任制度，力争从源头上保证制度的公信力和监督的实效。2015 年 2 月 27 日，中央全面深化改革领导小组第十次会议指出，实行人民监督员制度，引入外部监督力量，改变了检察机关查办职务犯罪案件的具体程序和要求，健全了对犯罪嫌疑人、被告人的权利保护机制，是对司法权力制约机制的重大改革和完善。同时也对人民监督员的选任机关作出了实质性调整，即由司法行政机关对人民监督员

进行选任管理。选任管理模式的改变，解决了检察机关"自己
选人监督自己"的逻辑困境。2015 年 12 月 21 日，最高人民检
察院第十二届检察委员会第四十六次会议通过了《关于人民监
督员监督工作的规定》；2016 年 7 月 5 日，根据中央全面深化改
革领导小组审议通过的《深化人民监督员制度改革方案》，在认
真总结试点经验的基础上，最高人民检察院、司法部颁布了
《人民监督员选任管理办法》。司法行政机关对人民监督员的选
任管理不仅拉开了监督者与被监督者应当保持的距离，也是人
民监督员制度建设中的重大突破，具有里程碑式的意义。

　　自 2016 年 7 月全国全面推进人民监督员选任管理方式改革
工作以来，各地在前期试点工作的基础上全面深入推进改革工
作。根据司法部统计，截至 2017 年 7 月，全国省市两级全部完
成人民监督员选任工作，共选任人民监督员 21 365 名，其中省
级人民检察院人民监督员 3306 名，设区的市级人民检察院人民
监督员 18 059 名，[1] 改革工作取得了良好成效。可以说，建立
司法行政部门选任管理制度，实现了人民监督员的监督从检察
系统内向检察系统外的转变，使得人民监督员制度更富有制度
的意义。

　　（三）徘徊阶段

　　2016 年 11 月开始进行的由中央部署的监察体制改革试点是
人民监督员制度面临转型的起点。新增的国家机关对原有国家
权力横向和纵向配置格局产生广泛影响，特别是检察机关对反
贪反渎等职务犯罪的自侦职能转移至监察委员会后，对依附于

---

　　〔1〕　王丽："全国人民监督员选任工作全部完成　共选任人民监督员 21 365 名"，
载 http://www.legalinfo.gov.cn/zhuanti/content/2017 - 07/14/content _7359822.htm？node =
89595，最后访问日期：2019 年 7 月 30 日。

检察机关的人民监督员制度存废的必要性产生疑问。理论界主要存在以下观点：一是将检察机关中的人民监督员制度与国家监察委员会结合，维持现有人民监督员制度的监督范围；二是将检察机关中的人民监督员制度并入国家监察委员会，将其监督范围扩大到国家监察委员会的所有监督行为；三是维持检察机关人民监督员制度不变，将其监督范围调整为检察机关除职务犯罪外的其他法律监督活动；[1] 四是将检察机关的"人民监督员制度"和行政监察的"特邀监察员"制度进行整合，构建新型的具有中国特色的"人民监督员制度"。[2] 这种制度设计在实践推进中还存在一定的困难。人民监督员制度究竟往何处去，其路线依然不太清晰，其方向也不太明确，处于是存还是废的犹豫阶段。

（四）确立阶段

国家监察体制改革后，人民监督员制度立法实现历史性突破。全国人大常委会在最高人民法院、最高人民检察院的组织法修改中，专门考虑部署了人民监督员制度立法工作。最高人民检察院先后组织五次座谈会，邀请专家召开论证会，积极与司法部面对面沟通，重点从理论和实践两个层面加强对人民监督员制度的研究论证，并先后三次向全国人大常委会报告人民监督员制度试点工作情况及取得的成效，建议在《人民检察院组织法》修订中加入人民监督员制度的内容，并专门向全国人大监察和司法委员会（原内务司法委员会）、全国人大常委会法

---

〔1〕 秦前红："国家监察委员会制度试点改革中的两个问题"，载《四川师范大学学报（社会科学版）》2017 年第 3 期。

〔2〕 郭华：《国家监察制度改革与监察调查权的界限》，经济科学出版社 2019 年版，第 225 页。

律工作委员会提出了立法建议。2018 年 10 月 26 日，《人民检察院组织法》对检察机关自觉接受监督、推进规范司法作出了更完善的规定，在第 11 条规定了接受人民群众监督原则，即"人民检察院应当接受人民群众监督，保障人民群众对人民检察院工作依法享有知情权、参与权和监督权"。第 27 条规定"人民监督员依照规定对人民检察院的办案活动实行监督"，这使得人民监督员制度从此具有了法律依据。为了落实修改后的《人民检察院组织法》，规范人民检察院接受人民监督员的监督，2019年 6 月 28 日，最高人民检察院第十三届检察委员会第二十次会议通过了《人民检察院办案活动接受人民监督员监督的规定》。该规定对人民监督员监督检察办案活动作出了全面调整和完善，人民监督员制度发展到一个新的阶段。2019 年 12 月 2 日最高人民检察院第十三届检察委员会第二十八次会议通过的《人民检察院刑事诉讼规则》第 12 条规定："人民检察院办理刑事案件的活动依照规定接受人民监督员监督。"至此，人民监督员监督制度不仅属于一项法定制度，而且在实践中也走向了制度化、规范化。

## 二、人民监督员制度发展中的理论应对与制度建设

人民监督员制度从 2003 年试点至今已有 17 年的历程，彰显出制度的强大生命力，在实践中也发挥着越来越重要的作用，并相继写入《2004 年中国人权事业的进展》《2005 年中国的民主政治建设》《2006 年中国的国防》《2008 年中国的法治建设》《国家人权行动计划（2009—2010 年）》《2010 年中国的反腐败和廉政建设》等白皮书，这充分显示了党和国家对此制度的重视。由于在此方面的理论研究不够深入，对一些疑问未能作出

有说服力的回应和合理的解释，以至于影响了人民监督员制度的快速发展。如《深化人民监督员制度改革方案》的规定的操作性不强，在"参与具体案件监督的人民监督员，由组织案件监督的人民检察院会同司法行政机关从人民监督员信息库中随机抽选产生"的制度安排下，司法行政机关与检察机关的职责如何划分及如何最大限度地保证人民监督员彻底摆脱检察机关的影响等问题，需要理论予以诠释和回应。再如，人民监督员的选任是否能做到开放、客观、透明，如何看待在目前众多人民监督员中有约近半数以上的人大代表和政协委员的构成情况，如何针对试点中提出的问题、在厘定问题性质的基础上对该制度作出进一步的规范和完善等。[1] 目前，我国人民监督员选任按照"建设一支具备较高政治素质，具有广泛代表性和扎实群众基础的人民监督员队伍"的要求，严把选任条件，优化队伍结构，同时控制公职人员所占比重，确保具有公务员或事业单位在编工作人员身份的人员不超过选任名额的 50%。而且还注重吸收一定比例的人大代表、政协委员、民主党派以及法学专家、律师等专业人员，以及具有一定社会阅历和相关工作经历的人员，确保人民监督员的素质能力符合监督工作需要。[2] 司法行政机关在选任管理人民监督员制度上的这些改革，又进一步推动了人民监督员选任管理工作向制度化发展。

在理论层面，有人认为，当人民检察院对"谁来监督监督者"的问题做出了回答后，似乎又制造了新的"谁来监督监督者"的问题。循环监督的制度设计将永远没有止境，因而也就

---

〔1〕 张志铭："放言人民监督员制度"，载《法制日报》2006 年 3 月 16 日，第 9 版。
〔2〕 李豪："人民监督员选任管理改革全面推进"，载《法制日报》2017 年 2 月 27日，第 1 版。

永远不可能为这一连续的追问提供一个确定性答案。[1]同时还产生了人民监督员的监督是否能够代表"人民"的疑虑。特别是有关人民监督员应当公道正派，有一定的文化水平和政策、法律知识以及人民监督员不具有法律知识的，人民检察院应当建议确认单位解除其职务的要求，在一定程度上加剧了人民监督员是否体现"人民性"的疑惑，在一定程度上困扰着人民监督员制度的运行与发展。[2]对于人民监督员监督的性质，学界也存在不同观点。有学者从监督分类的角度将人民监督员制度定位为权力监督、外部监督和对人民检察院自侦案件进行的事后监督。[3]也有学者在论述了人民监督员制度的实施基础和特点时，将人民监督员制度与人大监督、人民陪审员制度、廉政监督员制度加以对比之后，把人民监督员制度定位为具有独立的法律地位的外部监督，是权利对权力的社会监督，具有集社会监督、民主监督和外部监督"三位一体"的性质。[4]那么，对人民监督员监督制度的性质究竟应当如何认识呢？既需要从人民监督员制度的起源来观察，也需要从其解决的问题来思考。

　　我国人民监督员制度最初主要是解决人民检察院自侦业务没有监督而诞生的，旨在通过人民监督员的监督使人民检察院的工作获得社会公信力。人民监督员的监督主要是解决"谁来监督监督者"的质疑与诘问。由于人民监督员制度体现了制约公权、保障人权、促进公众参与司法的基本趋势，可将其定位

〔1〕　赵洪涛："与法治相悖的人民监督员制度"，载《时代中国》2007年第7期。

〔2〕　汪燕、谢波："人民监督员的人民性及其实现"，载《领导科学论坛》2015年第2期。

〔3〕　黄河："人民监督员制度的定位——从法律监督分类的角度"，载《行政与法》2006年第4期。

〔4〕　周永年："关于人民监督员制度法律定位的思考"，载《法学》2006年第6期。

为新型社会监督、外部监督和有权监督。《深化人民监督员制度改革方案》将人民监督员的选任管理机关规定为司法行政机关，这不仅促使人民监督员制度由"体制内"向"体制外"转变，而且还表明我国的人民监督员制度是一种独立于检察机关的外部监督。人民监督员由司法行政机关选任产生，依照一定的规范和程序，对检察机关的自由裁量权进行监督，从而维护社会公平正义的新型社会监督，属于我国社会监督制度的创新。[1]这种定性在一定程度上解决以上的疑问。但就其解决的问题而言，不宜简单地套用"谁来监督监督者"逻辑，否则，监督制度的设计就会叠床架屋，致使人民监督员制度建设陷入一个无限循环的怪圈，最终将人民监督员制度的成效希冀于监督者的道德品格，依赖于监督者的"道德自律"，使得人民监督员监督的制度化不明显，甚至会走向非法治化的设计。最终，不仅人民监督员制度的悖论没有得到很好的诠释，而且还在一定程度上加剧了内在的冲突。基于此，在新时代，需要将人民监督员制度放置在中国特色社会主义制度的框架下予以完善与发展，从我国政治体制、司法体制以及监督制度的整体制度中予以重新认识与深刻理解，但不可将国外的监督或者制约理论作为衡量其制度是否完备的标准。

### 三、人民监督员制度的重组创新与规范发展

人民监督员制度的衍生主要源于对检察机关"自侦"职务犯罪的监督，在其不断推进与完善的进程中，因检察机关反腐职能转隶以及行政监察机关整合到监察委员会，出现了一些新

---

[1] 郭华："改革拓宽公民参与司法渠道"，载《法制日报》2017年2月27日，第3版。

的情况，遇到了一些新的问题。党的十八届六中全会强调，"各级党委应当支持和保证同级人大、政府、监察机关、司法机关等对国家机关及公职人员依法进行监督，人民政协依章程进行民主监督，审计机关依法进行审计监督。"2016 年 11 月 8 日，中共中央办公厅印发了《关于在北京市、山西省、浙江省开展国家监察体制改革试点方案》，该试点方案规定了省（市）监察委员会由省（市）人民代表大会产生，作为行使国家监察职能的专责机关。党的纪律检查委员会、监察委员会合署办公，建立健全监察委员会组织架构，明确监察委员会职能职责，建立监察委员会与司法机关的协调衔接机制，强化对监察委员会自身的监督制约。2016 年 12 月 25 日，十二届全国人大常委会第二十五次会议审议通过了《关于在北京市、山西省、浙江省开展国家监察体制改革试点工作的决定》。然而，"党内监督是自律，人民群众的外部监督是他律。只有推动党内监督和人民群众监督有效衔接，才能促进自律和他律相结合，构建起科学严密的监督体系，永葆党的先进性和纯洁性。"[1]特别是时下监察体制改革和"捕诉合一"内设机构调整的推行，更需要我们明确制度改革方向，厘清改革思路，在原有人民监督员制度的基础上进行调整创新与完善发展，以保证我国人民监督员制度在现有的监察委员会调查腐败案件以及检察机关侦查监督与公诉程序中体现出监督制度的优势。基于此，司法行政机关应当通过进一步强化人民监督员的选任管理创新来完善发展人民监督员制度，使得人民监督员的参与方式逐步由强调"事后监督"转向以"参与案件式监督"的监督方式，以此增强

---

[1]　孟建柱："坚持党内监督和人民监督相结合"，载《民主与法制时报》2016 年 11 月 19 日，第 1 版。

监督实效性。

第一，调整人民监督员制度定位。定位问题是人民监督员制度改革的核心问题，也是必须首先解决的问题。因为它关系到后续改革措施的设定，代表了改革的总体思路与基本方向。人民监督员制度的最初定位是对检察工作的监督，这种监督既不及时也不包含实质性内容，因此，仅以"监督"概括人民监督员的职能还难以建立起公民与司法之间的联系。随着渠道的多样化，公民对司法的关注度愈来愈高，能动意识不断提升，人民监督员从"监督"向"参与"发展成为改革的一种必然趋势。"参与"意味着参与主体享有一定的话语权与决定权，来自公民、来自外部的监督方式可以弥补制约不足的难题，可以成为检务公开的途径。[1] 例如，北京市人民检察院组织人民监督员对白建松等四人涉嫌虐待被监管人（拟不起诉）一案进行监督评议，[2] 人民监督员在该案中的监督与以往监督不同，为方便人民监督员全面了解案情，按照人民监督员意见确定审阅案件材料时间。人民监督员审阅文件资料时间均在 30 分钟以上，实行全程视频汇报。承办单位将全部案件情况、证据材料、提讯录音录像、法律依据等制作了 PPT 视频资料，在现场汇报时同时播放，使监督员能够直观地了解和掌握监督所需要的信息。同时，还突破了以往由检察机关工作人员主持的模式，改由北京市人民检察院的特约检察员主持，案件汇报尝试引入发案单位负责人现场"出庭作证"，向人民监督员全面汇报案件情况，包括犯罪嫌疑人平常表现、悔罪、与受害人达成谅解情况以及

---

〔1〕 陈卫东、胡晴晴、崔永存："新时代人民监督员制度的发展与完善"，载《法学》2019 年第 3 期。

〔2〕 唐姗姗："人民监督员参与十大监督典型案例（九）（十）"，载 https://mp.weixin. qq.com/s/OaDy6EFOvfrK0VaLw9arqQ，最后访问日期：2019 年 4 月 24 日。

监狱针对此案开展系统教育整改情况，并邀请人大代表观摩人民监督员监督评议案件活动，通过观摩人民监督员监督评议案件，深入了解办案的全过程及检察权运行中内外部监督制约体系，居于人民监督员制度"监督"与"参与"双向定位性质。这一经验在制度上值得研究。

第二，完善人民监督员制度的相关立法。人民监督员制度是对查办案件权力制约机制的重大改革，而不是简单地对检察制度的技术性变革，对此制度的完善应当按照法治精神和原则，发挥立法的引领作用，通过国家层面的立法来保证其在法治轨道上进行。因此，在立法方面，创新与完善人民监督员制度需要从以下几个方面入手：

首先，在修改《人民检察院组织法》后，应当细化人民监督员制度的相关规定，同时建议对该制度的性质定位、选任管理机制、监督范围、工作机制、监督效力等加以明确并作出具有制度化安排。

其次，在未来修改《中华人民共和国刑事诉讼法》（以下简称《刑事诉讼法》）时，可以增加"人民监督员依法对人民检察院的办案活动实行监督"，为未来"人民监督员法"的制定提供相关依据，并保持其与《人民检察院组织法》之间的相互衔接。

再次，待条件成熟，应当总结经验，将人民监督员制度推广到所有的执法司法活动中，扩大人民监督员的适用范围，充分发挥人民监督员的监督作用，充分体现人民监督员的人民性。

最后，适时制定"人民监督员法"。对人民监督员的地位、条件、产生程序，人民监督员的权责及其保障、制约机制，人民监督员监督案件的范围、程序及效力等内容作出全方位的规定,[1] 充分体现以人民为中心的中国特色法律监督制度。

## 四、人民监督员制度法治化的重点内容与方法思考

中央提出了促进人民监督员制度规范化、法制化的任务, 学界也曾出现了 "人民监督员制度迫切需要进行立法的增补和 完善工作"[2] 的观点, 实务界还表达了 "促进人民监督员制度 法制化, 就是贯彻党的主张和落实党中央指示的一项具体要 求"[3] 的意见。实践中, 人民监督员制度尤其是司法行政部门 选任管理制度, 在实践中业已取得显著成效, 获得了较为成熟 的经验, 已经具备将其作为一项司法行政改革内容予以继续推 进的实践基础。我们认为, 在司法体制改革进程中, 需要坚持 人民监督员制度的 "制度自信" 与 "道路自信"。通过创新完 善人民监督员的司法行政机关选任管理制度, 推进我国人民监 督员制度的发展, 充分凸显这一制度的优势, 彰显我国自有制 度的制度创新意义。

随着国家监察体制的重大改革, 检察机关的职务犯罪侦查 工作转隶, 国家赋予检察机关新的职能, 人民监督员制度在新 时代面临一系列新机遇和新挑战。回顾人民监督员制度创立探 索的历史沿革, 认真总结人民监督员制度设立、实施的成功经 验, 深入分析人民监督员制度在新时代面临的新形势、新任务

---

〔1〕 卢均晓:"论人民监督员制度的保障机制",载 http://article.chinalawinfo.com/ ArticleFullText.aspx? ArticleId=31844&listType=0,最后访问日期:2018 年 12 月 6 日。

〔2〕 卞建林、田心则:"人民监督员制度立法刍议",载《人民检察》2006 年第 15 期。

〔3〕 邱学强:"人民监督员制度立法的可行性和必要性",载《法制日报》2008 年 1 月 7 日,第 1 版。

和新要求，人民监督员制度应当坚持监督属性和功能定位。对于人民监督员制度设计中的合理调整监督对象和范围、构建高效监督程序、打造有力权利保障体系、增强监督效果都是人民监督员创新发展的重要举措。[1] 人民监督员制度作为一项试行的制度，经过十多年的试点工作，已有一定的成效和经验。以往的人民监督员制度研究已经较为深刻与丰富，基于司法部研究的需要，本书选择了有关人民监督员立法的十个重大问题进行研究，同时对原有理论争议进行梳理，并对纷呈的学术观点与实践的不同做法进行评价，使得研究内容在具有资料性的基础上更富有参考意义与实践价值。尽管《人民检察院组织法》对人民监督员制度已经作出明确规定，仍需要进一步法定化，通过专门的立法予以固定。为此，我们拟制了"人民监督员法"并对其条款作出说明，为推进人民监督制度法治建设进程提供模板，也为进一步深入研究人民监督员制度立法问题贡献微薄之力。

---

〔1〕　项谷、李灿："新时代人民监督员制度的功能定位与创新发展"，载《上海法学研究》2019 年第 8 卷。

# 第一章 CHAPTER 1
# 人民监督员制度的性质、定位

　　人民监督员制度作为中国的特色制度，不仅回应了我国检察机关作为法律监督机关但"谁来监督监督者"的诘问，更为重要的是丰富了我国的监督制度。关于人民监督员的性质，我国理论界存在不同的观点与带有争议性的学说，尽管这些观点和争议主要源于检察机关原有的"自侦"，其背后却折射出亟待研究此制度的价值。就其制度本质而言，人民监督员制度在性质上有别于一般的社会监督，也不同于人大的监督，更不同于检察机关自身的法律监督，将其界定为"有权监督"，不仅不失其在监督体系中应有的制度位置，也有利于在制度发展与完善中体现其中国独有制度的价值。

　　我国人民监督员制度的设立初衷是弥补检察机关在自侦案件监督上的短板，解决"谁来监督监督者"的问题。党的十六大确定了推进司法体制改革的重要任务，改革的目标是在全社会实现公平和正义，改革的着眼点是以人民群众反映最突出、要求最强烈的问题为突破口，从制约与影响司法公正的环节与问题入手。由于检察机关当时在我国反腐体系中占有重要的位置，执掌着职务犯罪侦查权，其执法公正与否受到了全社会的广泛关注。当时，最高人民检察院广泛征求意见，寻找自身工作不足，反映出的问题是：大量的职务犯罪案件作了撤案或不诉处理，被指斥为徇私枉法；在批不批捕的问题上，人民群众认为"该抓的没抓"，犯罪嫌疑人一方则质疑"不该抓的抓了"。不可否认，实践中存在一些执法不严、司法不公的现象，但不乏对部分案件的质疑是出于一些误解。之所以会产生这样的误解，根源在于检察机关在查办职务犯罪的过程中，外部监督制约机制比较薄弱，办案程序的透明度不够高，存在着权力误用甚至滥用的风险。在外界的质疑和群众的不满情绪中，为了扭转办案的被动局面，最高人民检察院经过反复论证，决心邀请民众参与监督检察机关的反腐工作，通过引入公民参与来强化其公信力。于是，人民监督员制度应运而生。具体而言，人民监督员制度是最高人民检察院在外界的刺激和影响下被动进行的一场制度创新，不仅是检察系统将其作为严格执法、深化检务公开的具体措施之一，也是一次颇具中国特色的公民参与司法的重要方式。

## 一、人民监督员制度的缘由

建立人民监督员制度的动因源于"谁来监督监督者"的质疑，其顶层架构源自最高人民检察院党组会议的决定。人民监督员制度试点后，相继被写入《2004 年中国人权事业的进展》《2005 年中国的民主政治建设》《2006 年中国的国防》《2008 年中国的法治建设》《国家人权行动计划（2009—2010 年）》《2010 年中国的反腐败和廉政建设》等白皮书。2005 年 9 月，中央办公厅、国务院办公厅转发《落实〈建立健全教育、制度、监督并重的惩治和预防腐败体系实施纲要〉2007 年底前的工作要点》强调："规范人民监督员的工作程序，推进和完善人民监督员制度。"2006 年 5 月，中共中央下发的《关于进一步加强人民法院、人民检察院工作的决定》指出："深入推进人民监督员制度试点工作，适时加以推广，促进人民监督员制度规范化、法制化。"2006 年 10 月，党的十六届六中全会通过的《中共中央关于构建社会主义和谐社会若干重大问题的决定》再次强调了健全完善人民监督员制度，并将其作为司法民主建设的重要指标。2008 年 12 月，作为司法体制与司法工作机制改革纲领性的中央 19 号文件指出："要总结人民监督制度试点经验，研究并推进人民监督员制度法制化，明确人民监督员的选任管理、监督范围和程序。"同时，人民监督员制度也引起了广大人民代表和政协委员的关注，2005 年的"两会"上有 120 余名全国人大代表提出 4 项关于人民监督员制度立法的议案；2006 年的"两会"上有 223 名全国人大代表提出了 7 项议案或建议、2 名全国政协委员提出 1 项提案，均建议将人民监督员制度写入《人民检察院组织法》和《刑事诉讼法》。

## 二、人民监督员制度规范的变化

2004 年 1 月和 5 月，最高人民检察院在北京和成都先后召开了人民监督员制度试点工作座谈会。这两次会议对《关于人民检察院直接受理侦查案件实行人民监督员制度的规定（试行）》作出了修改和完善。同年 6 月 16 日，最高人民检察院在北京召开了人民监督员制度专家论证会，到会专家学者对人民监督员制度进行了充分的论证并发表个人意见。2004 年 7 月，最高人民检察院发布了《关于进一步扩大人民监督员制度试点工作的方案》。同年 8 月，在大连召开的全国检察长会议上，对全国所有省份检察机关推行人民监督员制度进行了具体部署，全国所有省级检察院，349 个分、州、市检察院和 2407 个县级检察院开展了试点工作。

2005 年，各试点检察院紧紧围绕"依法规范和不断完善"这一工作要求，全力推行人民监督员制度。多数试点检察院启用了"人民监督员案件监督管理系统"统计软件，实现了监督案件网上月报与信息化，使得试点工作资料的收集汇总和数据的统计分析工作更加规范化。

2006 年党的十六届六中全会《中共中央关于构建社会主义和谐社会若干重大问题的决定》和《中共中央关于进一步加强人民法院、人民检察院工作的决定》强调：要促进人民监督员制度规范化、法制化。国务院发布的《2008 年中国的法治建设》白皮书指出："人民监督员制度试点工作平稳推进，重点对不服逮捕、拟撤销、拟不起诉案件实施监督。涉及检察人员办案不文明、不规范的投诉明显减少。"同年，中共中央转发的《中央政法委员会关于深化司法体制和工作机制改革若干问题的意见》对人民监督员制度运行情况进行了全面总结。

经过七年多的试点，全国已经有 3137 个检察院进行了该项试点，占各级人民检察院总数的 86.5%，先后选任人民监督员 3 万多人次。这种盛况远远超出了当年试点工作的应有预期。2010 年 10 月 28 日，最高人民检察院就全面推广人民监督员制度召开了全国范围内检察机关的电视电话会议。同年 10 月 26 日，最高人民检察院第十一届检察委员会第四十五次会议通过了《关于实行人民监督员制度的规定》。自此，人民监督员制度进入了一个新的发展时期。

2014 年 9 月 5 日，最高人民检察院颁行的《人民监督员监督范围和监督程序改革试点工作方案》以及 2014 年 9 月 10 日最高人民检察院、司法部联合颁布的《关于人民监督员制度选任管理方式改革试点工作的意见》分别对人民监督员制度的监督范围、程序和选任方式作出了突破性的规定，促进了人民监督员制度的发展。

2015年3月7日，在党的十八大和十八届三中、四中全会精神的指导下，最高人民检察院和司法部联合下发了《深化人民监督员制度改革方案》，要求对人民监督员的选任管理方式、监督范围、监督程序、知情权保障等方面进行深化改革，进一步推进了人民监督员制度的发展，人民监督员制度进入全面深化改革阶段。

2016年7月，司法部会同最高人民检察院联合印发了《人民监督员选任管理办法》。该办法规定了由司法行政机关负责选任管理人民监督员，从此打破了长期以来同体监督的"痼疾"，完成了选任管理外部化的质的飞跃。2017年7月27日，最高人民检察院、司法部联合召开深化人民监督员制度改革电视电话会议，对全国推行人民监督员制度改革作出部署安排。会议强调，各级检察机关和司法行政机关要全面扎实推进人民监督员选任管理方式改革，确保深化人民监督员制度各项部署精准落地。可以说，人民监督员制度的发展历程彰显着其强大的生命力。

2018年7月，为突出人民监督员的工作属性，最高人民检察院将办公厅人民监督员工作机构、职责划转到案件管理办公室。同年10月26日，第十三届全国人大常委会第六次会议修订的《人民检察院组织法》第11、27条规定了"人民检察院应当接受人民群众监督，保障人民群众对人民检察院工作依法享有知情权、参与权和监督权"以及"人民监督员依照规定对人民检察院的办案活动实行监督"。据统计，从人民监督员制度开始试点至今，检察机关、司法行政部门先后共选任人民监督员70 097人次，在任 21 047 人，监督案件共 55 966 件。2019 年 6 月 28 日，最高人民检察院印发了《人民检察院办案活动接受人民监督员监督的规定》。在《人民检察院组织法》对"人民监督员制度"相关规定的基础上进行了细化，不仅完善了监督程序的刚性，还强化了人民监督员制度的效能，这对正确适用不起诉和认罪认罚从宽制度具有特别重要的意义。据统计，2019年 9—11 月，最高人民检察院案管办分别配合第一检察厅、第二检察厅、第六检察厅、第七检察厅和第十检察厅协调各省级院会同司法行政机关邀请人民监督员参与了 7 场公开听证会。全国检察机关共邀请 586 名人民监督员参加案件公开审查、公开听证活动 816 人次。[1]人民监督员制度在检察机关同人民群众之间建立直接联系，同时也是一种直接监督，更有利于案件得到公正办理，有利于维护司法权威，有利于持续推动人民监督员工作提质增效。

## 三、人民监督员制度的理论争议

### (一) 人民监督员制度的概念争议

人民监督员制度尽管业已确立，但学界对人民监督员制度的含义并没有完全形成共识，对其性质、定位仍有不同观点。有关人民监督员制度的概念，学界从不同角度进行界定，形成外部监督说、人民监督说、综合说、制度创新说等学说。

---

〔1〕 参见孙风娟："最高检公开听证会，为啥请来人民监督员"，载正义网，http://news. jcrb. com/jxsw/201912/t20191217_2089275. html，最后访问时间：2020 年 4 月 13 日。

外部监督说[1]认为，人民监督员制度应独立于人民检察院系统，属于体系外监督，人民监督员依据相关程序，对检察院办理案件活动进行社会性监督。

人民监督说[2]认为，公民参与司法决策可以通过人民监督员制度实现，通过监督防止检察权滥用，维护司法公信力，是司法民主发展的一项制度创新。

制度创新说[3]认为，人民监督员制度是检察机关在现行法律框架内，为完善办理案件的外部监督机制而进行的一项改革，是检察机关落实宪法规定、主动接受人民监督的一项制度创新。

比较分析说[4]认为，人民监督员制度是依照宪法精神，贯彻权力制约原则，公民参与司法决策，增加检察决策透明度，防止检察权滥用，保障诉讼当事人合法权益，提高司法的社会公信力，继人民陪审员、人民调解员制度之后充分体现民主性质的一项制度。

监督务实说[5]认为，应当将人民监督员制度界定为是将宪法和法律赋予公民对检察机关及其工作人员公务活动的批评、建议等监督权通过规定监督程序落到实处的制度安排。

---

〔1〕 刘明祥等："人民监督员制度若干问题研究"，载《全国检察理论研究工作会议暨第六届年会论文集》，2005 年，第 676 页；龙源："人民监督员制度基本问题研究"，2011 年第七届国家高级检察官论坛会议论文。

〔2〕 李卫东："人民监督员制度的实践思考"，载《人民检察》2005 年第 4 期。

〔3〕 左卫民、吴卫军："人民监督员：理念与制度的深化和发展"，载《人民检察》2005 年第 2 期。

〔4〕 穆红玉："从司法改革看公民对司法的参与"，载中华人民共和国最高人民检察院外事局编：《中国与欧盟刑事司法制度比较研究》，中国检察出版社 2005 年版，第 10~18 页。

〔5〕 文盛堂："关于人民监督员制度的理论依据与立法问题研究"，载《全国检察理论研究工作会议暨第六届年会论文集》，2005 年，第 671 页。

检察民主说[1]认为，人民监督员制度是落实党的十六大关于推进司法体制改革的精神，扩大公民有序参与司法、参与检察民主进程的一项制度创新。

综合说[2]认为，人民监督员制度是指由职权机关按照具体程序，选任普通大众，对检察机关自侦的犯罪案件进行程序性监督，以规制职务犯罪侦查权，实现检察权正确实施，维护公平正义的一种新型监督制度。

上述各学说中，"外部监督说"揭示了该制度体系的外部特征、运行方式与社会监督的性质和地位，但并未揭示该制度的法源基础、本质特征及其功能作用，故在理论上存在诠释不足的问题。"人民监督说"揭示了该制度的具体目标功效与普遍目标功效，肯定了其性质与地位，但该定义未对其运行主体、程序规则、本质特征等作深刻揭示，且将其定位在措施范畴，存在理论性与规范性的缺陷。"制度创新说"是从创设主体的角度来说明该制度的法源基础、性质地位、时代特点的，但从概念的要素与特征等方面进行衡量，其在本质特征、基本功能、内涵与外延等方面仍存在不足。"比较分析说"运用实证分析方法，将人民监督制度与人民陪审员制度、人民调解员制度等进行比较分析，具有新颖性与启迪性。"监督务实说"是以研究人民监督员制度的宪政理论、民主监督原理、政治文明、构建和谐社会等基础理论为出发点的。"检察民主说"是从该制度的理论依据上来说的。"综合说"则以制度的实际运行程序为视角对人民监督员制度进行分析，但角度太过单一，未显示出制度

---

〔1〕　陈大豪："人民监督员制度是检察民主的重要举措"，载《检察日报》2005 年11 月 2 日，第 3 版。

〔2〕　徐汉明："人民监督员制度的根据、特征与功效"，载《法学评论》2006 年第 6 期。

自有的特色和鲜明的特征。

## （二）人民监督员制度的性质争议

从《中华人民共和国宪法》（以下简称《宪法》）对监督机制的设计来看，对国家机关行使国家权力的监督主要有两种：一种是内部监督，另一种是外部监督。内部监督是国家机关对自身依法行使权力的保障机制和纠错机制，其主体是国家机关自身，具体任务由国家机关的某个内设机构承担。外部监督则是以国家机关以外的力量对国家机关依法行使职权或职责进行控制和约束，其主体是国家机关以外的机关、组织或个人。

人民监督员制度究竟是何种性质？在 2015 年《深化人民监督员制度改革方案》颁布前，学界对此有不同看法：一种观点认为是内部监督。持此种观点的学者认为，外部监督应具有独立性、权威性等特征，然而法律并没有赋予人民监督员这种职责，只是检察系统内部规范性文件的规定，而且监督主体的选任由检察机关最终确定，人民监督员的回避也是由检察长决定，人民监督员办公室设置在检察机关内部。可见，在人民监督员制度中，人民监督员作为监督主体，无论是从选任方式还是监督进程抑或是监督效力上，都无法逃脱检察机关的控制、干涉与影响，即监督者与被监督者仍然是一种依附关系，其设想和实践的人民监督员无疑是一种内部监督，在监督上仅表明为制约性。

另一种观点认为是外部监督。持这种观点的学者认为，人民监督员制度中的监督主体由独立于检察机关内部力量以外的人民群众产生，人民监督员介入检察机关自行侦查的案件，这就打破了检察机关自侦刑事案件的侦查活动和批捕、撤销案件、起诉不起诉决定权的封闭运行状态，将直接受理侦查案件的活动置于人民群众监督之下。根据规定人民监督员的产生具有广泛的代表性，属于外部监督。

从法律性质上来讲，法律监督可分为两种：一种是权力监督，另一种则是权利监督。两者的区别在于以下两点：一是"法无禁止即权利，法无规定即禁止"，即权利具有授益性的性质，因此在世界范围内的法治国家普遍承认权利不仅仅存在于明文规定中，而作为授权性的权力只能存在于法律的明文规定中，任何机关、团体和个人都不能私自行使。二是权利监督不具有直接的支配力，而权力监督则无论是在实体上还是程序上都能表现出明显的国家强制效力。一种观点认为，人民监督员制度是权力监督，其理由在于人民监督员制度有其运行的法律依据，诸如《宪法》《人民检察院组织法》《刑事诉讼法》。这是其区别于一般权利监督的原因之一。另一原因在于人民监督员带有明显的刚性程序特征，人民监督员的监督意见可能会引起一定程度的法律程序的启动。基于上述原因，有人认为人民监督员制度应当是权力监督。而与之相反的是，另一种观点认为人民监督员制度是权利监督。持此种观点的人认为，人民监督员的监督意见对于检察机关而言仅仅是一种建议和意见，并不能从根本上改变检察机关的决定，因此这是一种"权利监督"。

有观点认为，人民监督员制度最初定位于对检察工作的监督，这就奠定了其只能围着检察机关转，但无法真正深入其中，监督内容也缺乏实质性。而"参与"则不同，它意味着参与主体享有一定的话语权与决定权，不再是"走过场"的空壳。人民监督员制度的设计缺陷在于，它只具备"监督"的定位但并无"参与"的特性，人民监督员虽然对检察工作进行审查、评议，但却扮演的是一种事后的、旁观者的角色，这种监督既不及时也不包含实质性内容。从理论的角度上，有这样一种来自公民、来自外部的监督方式可以弥补制约不足的难题，可以成为检务公开的途径。但实际上，公民参与司法这一发展趋势并未得到实际意义上的深入，公民的参与在检察阶段仍是模糊甚至是空白的。[1]

## 四、我们的研究

### （一）人民监督员制度的内涵

人民监督员制度基于人民检察院在办理贪污贿赂、渎职等职务犯罪案件过程中实践的需要，由司法行政机关选任产生，并依照一定的规范和程序对检察机关的自由裁量权（如逮捕、不起诉、认罪认罚从宽等）进行监督的制度，属于维护社会公平正义的新型社会监督。对人民监督员制度的性质应从以下几个层面来理解与把握：

首先，人民监督员制度具有民主性。顾名思义，人民监督员制度的监督主体在于人民。那么，对这里的"人民"应当怎样理解呢？此项制度里的"人民"是在普通的社会公众中经过特定程序筛选，符合特殊要件，履行监督职责的特殊意义上的人民，与行使普通的批评建议权的人民存在区别，这也决定了人民监督员在行使监督权时具有比普通公民更大的约束力。但是，无论是从选任形式上还是选任范围上，人民监督员制度均将公民的普通社会良知纳入检察机关办案过程中，体现出的人

---

〔1〕 陈卫东、胡晴晴、崔永存："新时代人民监督员制度的发展与完善"，载《法学》2019 年第 3 期。

民监督员制度的民主性。

其次，人民监督员制度具有监督性。这里的"监督"是指人民监督员对检察机关的制约作用，仅仅限于监督的层面，仅仅是一程序方面的监督，不能改变检察机关作出的处理决定。这项制度在设计之初，就没有赋予监督意见以实体的法律约束力，否则监督员很有可能成为权力的分享者，而不是制约者，由此又会衍生出"谁来监督人民监督员"的新疑惑。这样循环下去不仅浪费司法资源，也悖于制度的设计初衷，其制度的监督性较为明显。

最后，人民监督员制度监督范围具有特定性。随着人民监督员制度的发展，学界也存在一些提倡扩大监督范围的呼吁，这项制度目前对检察院的制约仍然限于特定的案件范围，体现监督范围的特定性。究其原因，这项制度在创设之初主要解决的问题是消解检察机关在办理职务犯罪案件时因没有一套真正起监督功效的机制来制约其行使职权而引发公众对其执法行为的不满和质疑，但对监督范围限于特定情形具有合理性。

（二）人民监督员制度的性质

对人民监督员制度的性质应从以下几个方面进行认识：

1. 人民监督员制度是外部监督

人民监督员由司法行政机关负责选任，省级和设区的市级司法行政机关分别选任同级人民检察院人民监督员，这在一定程度上打破了多年来专家学者对人民监督员制度是外部监督还是内部监督的辩论困局，具有创新意义。人民监督员制度基于以下因素和特征，表明其外部监督的性质：

（1）人民监督员的选任机关的独立性。人民监督员的选任机关由原来的被监督的人民检察院转为司法行政部门，司法行政机关作为选任机关相对被监督机关作为选任机关而言具有独立性。改革前，人民监督员的选任方式为，省级以下人民检察院人民监督员由上一级人民检察院组织选任；有条件的省、自治区、直辖市可以由省级人民检察院统一组织选任人民监督员。这种选任方式，人民监督员仍然由"被监督者"——人民检察院决定，其外部监督的性质定位必然会受到质疑。同时这种"被监督者"组织选任"监督者"的方式很难使人民监督员真正地作为外部力量来监督检察机关办理职务犯罪案件。改革后，人民监督员由司法行政机关负责选任，省级和设区的市级司法行政机关分别选任同级人民检察院人民监督员。同时规定由司法行政机关负责人民监督员的选任和培训、考核、奖惩等管理工作，参与具体案件监督的人民监督员，从司法行政机关建立的人民监督员信息库中随机抽选产生。这一突破性规定强有力地宣告了人民监督员的选任和管理完全脱离了检察机关，从制度上解决了"检察机关自己选人监督自己"的问题，在回复质疑的同时也提高了人民监督员制度的公信力和权威性。

由此可见，人民监督员的选任机关规定为司法行政机关这一做法促使人民监督员制度由原先检察机关内部选任向司法行政机关选任的转变，就人民监督员的选任制度而言，体现出独立于检察机关的外部监督性质。

（2）人民监督员组成人员的独立性。人民监督员应当是年满23周岁，拥护中华人民共和国宪法，遵守纪律，品行良好，身体健康，具有高中以上文化程度的中国公民。在选任程序上要求省级和设区的市级司法行政机关协调有关机关、团体、企事业单位和基层组织推荐人民监督员人选，拟任人选中，机关、团体、事业单位工作人员一般不超过选任总数的50%。人民监督员来自社会各个不同的岗位，分布在不同的阶层，拥有不同的身份，其本身就有广泛的代表性，同时人民监督员实行回避制度，被抽选出的人民监督员如果是当事人的近亲属或者与当事人有利害关系，不得担任该案件的人民监督员。如此一来，人民监督员没有被各种利益所驱动，甚至不被诸多人为因素所扰乱，使得广大人民群众和社会更容易接受监督结果。这种吸纳社会各界人士作为人民监督员的制度带有一种外部监督制度的特质。

（3）人民监督员实施监督的独立性。人民监督员对所监督案件形成表决意见后，按程序提交检察机关审查。如果检察长不同意人民监督员的表决意见，应当提交检察委员会讨论决定。但是，如果检察委员会的最终处理决定还是与人民监督员表决意见不一致，检察机关向参加监督的人民监督员作出说明。然因仅经过一次监督而无救济程序，避免监督评议容易流于形式，监督效果很难保证，人民监督员制度在改革中设置了复议程序，明确检察机关处理决定未采纳多数人民监督员评议表决意见，经反馈说明后，多数人民监督员仍有异议的，可以提请人民检察院复议一次，体现了人民监督员制度的外部监督性质。2019年《人民检察院办案活动接受人民监督员监督的规定》要求："人民检察院应当认真研究人民监督员的监督意见，依法作出处理。监督意见的采纳情况应当及时告知人民监督员。人民检察院经研究未采纳监督意见的，应当向人民监督员作出解释说明。人民监督员对于解释说明仍有异议的，相关部门或者检察官办案组、独任检察官应当报请检察长决定。"其中的"解释说明"以及"检察长决定"依然显示监督的独立性。

2. 人民监督员制度是有权监督

我国的人民监督员制度到底是权利监督还是权力监督，学界的大部分学者倾向于是权利监督。我们认为应走出所谓权利监督与权力监督定位的藩篱，将人民监督员制度定位为一种有权监督。

（1）人民监督员制度目前已经具备直接的法律依据。首先，从"法无规定即禁止"的角度看，权力的存在必须有明确直接的法律依据。我国《人民检察院组织法》第 27 条规定："人民监督员依照规定对人民检察院的办案活动实行监督。"在这样的理论框架下，我国的人民监督员制度具有直接的法律依据，人民监督员制度不再仅仅停留在权利监督层面。其次，我国《宪法》第 2 条第 3 款规定："人民依照法律规定，通过各种途径和形式，管理国家事务，管理经济和文化事业，管理社会事务。"从这条规定看，人民监督员制度实际上是人民依《人民检察院组织法》管理国家事务的具体途径。因此，人民监督员制度具备法定权利监督的属性。

（2）人民监督员制度不同于普通的社会监督，而是一种具有制度意义的有权监督，不是一般的权利监督。普通的人民群众提意见、建议不具有强制约束力，而人民监督员作为符合特定标准、经过特定程序筛选、行使更高层次的批评建议权的、有组织形态的特殊社会力量，其对人民检察院办理案件进行的监督自然具有"法定"的约束力，因此这种监督具有权利监督属性的同时，更确切地说应该是有权监督。

（三）人民监督员制度的走向

人民监督员制度作为一项新型的社会监督制度，有观点主张其用处不大，可以废除之；还有观点认为它在制约检察机关的办理案件过程中具有不可磨灭的作用。我们认为，人民监督员制度在保障司法公正、促进社会公平方面具有非常重要的意义，应当继续深化改革并不断发展完善。同时也应当妥善处理检察机关的检察权与人民监督员的监督权之间的关系，既不能使得监督权过分限制作为公权力的检察权，也不能使得监督权失去对检察权滥用的防范功能，充分体现其制度在新时代中国特色社会主义法律制度中的监督制度特色。

我国人民监督员制度最初主要是解决人民检察院自侦业务没有监督问题而诞生的，旨在通过人民监督员的监督使人民检察院的工作获得社会的公信力。人民监督员的监督主要是解决"谁来监督监督者"诘问。人民监督员制度作为一种有权监督，体现了制约公权、保障人权、促进公众参与司法的基本趋势。因此，人民监督员制度可以定位为新型带有社会监督特征、外部监督优势的有权监督。但就其解决的问题而言，不宜简单地套用"谁来监督监督者"逻辑，否则，监督制度的设计就会叠床架屋，致使人民监督员制度建设陷入一个无限循环的怪圈，最终将人民监督员制度的成效寄希望于监督者的道德品格，依赖于监督者的"道德自律"，容易出现最终用信任来代替监督的问题，使得符合中国特色社会主义法治制度的人民监督员制度的功能难以充分发挥。

从近年来的制度实践看，人民监督员制度已远远超越其创设之初被赋予的使命，从一种应对"谁来监督检察院"质疑的举措，发展演变为人民群众在检察工作中实现"有序参与司法"与"制约权力"的重要制度。这就需要法律法规制定者转变视角，确立人民监督员的发展目标与方向，避免将人民监督员制度的功能只局限在案件办理的过程中。在坚持人民监督员制度作为"监督制度"的重要组成部分的同时，将贯彻落实党的十九大关于"党内监督同国家机关监督、民主监督、司法监督、群众监督、舆论监督贯通起来，增强监督合力"，将其推广与延伸到所有的执法领域，保证国家机关及工作人员"接受人民的监督"的宪法规定得到真正落实，突出这项制度所展示出来的人民群众在执法工作中"参与"管理的价值，通过监督来促进国家机关及工作人员在实践执法中"努力为人民服务"。因此，人民监督员从"监督"向"参与"发展，是未来的必然趋势。

## 相关依据

### 《宪法》

第2条　中华人民共和国的一切权力属于人民。

人民行使国家权力的机关是全国人民代表大会和地方各级人民代表大会。

人民依照法律规定，通过各种途径和形式，管理国家事务，管理经济和文化事业，管理社会事务。

第27条　一切国家机关实行精简的原则，实行工作责任制，实行工作人员的培训和考核制度，不断提高工作质量和工作效率，反对官僚主义。

一切国家机关和国家工作人员必须依靠人民的支持，经常保持同人民的密切联系，倾听人民的意见和建议，接受人民的监督，努力为人民服务。

国家工作人员就职时应当依照法律规定公开进行宪法宣誓。

第41条　中华人民共和国公民对于任何国家机关和国家工作人员，有提出批评和建议的权利；对于任何国家机关和国家工作人员的违法失职行为，有向有关国家机关提出申诉、控告或者检举的权利，但是不得捏造或者歪曲事实进行诬告陷害。

对于公民的申诉、控告或者检举，有关国家机关必须查清事实，负责处理。任何人不得压制和打击报复。

由于国家机关和国家工作人员侵犯公民权利而受到损失的人，有依照法律规定取得赔偿的权利。

《刑事诉讼法》

第6条　人民法院、人民检察院和公安机关进行刑事诉讼，必须依靠群众，必须以事实为根据，以法律为准绳。对于一切公民，在适用法律上一律平等，在法律面前，不允许有任何特权。

《人民检察院组织法》

第11条　人民检察院应当接受人民群众监督，保障人民群众对人民检察院工作依法享有知情权、参与权和监督权。

第27条　人民监督员依照规定对人民检察院的办案活动实行监督。

《深化人民监督员制度改革方案》

二、重点任务

（一）改革人民监督员选任机制

……

2. 人民监督员的设置。省级人民检察院和设区的市级人民检察院设置人民监督员。省级人民检察院人民监督员监督省级人民检察院办理的案件。设区的市级人民检察院人民监督员监督设区的市级人民检察院和县级人民检察院办理的案件。直辖市人民检察院人民监督员监督直辖市各级人民检察院办理的案件。

**《人民检察院办案活动接受人民监督员监督的规定》**

第 2 条　人民检察院的办案活动依照法律和本规定接受人民监督员的监督。

第 4 条　人民检察院应当保障人民监督员履行监督职责，自觉接受人民监督员的监督。

**《人民检察院刑事诉讼规则》**

第 12 条　人民检察院办理刑事案件的活动依照规定接受人民监督员监督。

# 人民监督员的选任条件

　　在我国民主集中制的背景下，权力的行使需要适当集中，其集中模式大致为两种：一种为大众化的集中，如人民陪审员制度；另一种为精英化的集中。其中，精英化的集中又有两种方式：一种为绝对的精英化集中，如行政、司法机关行使专业化的职权；另一种为相对的精英化集中，即权力行使群体内部并非全部来自于精英群体，而是适当地中和了精英化与大众化的特点，即兼具精英化与大众化。在监督制度中，精英化主要是对权力行使的专业性和技术性内容进行监督；大众化主要是大众在参与监督中发挥人民的主体性。人民监督员制度在既有的人民群众行使《宪法》赋予的监督权利对公检法机关以及其他行政机关进行监督的同时，侧重在特定案件范围内对检察机关行使检察权进行监督。这就需要对监督人员提出特殊的要求，确定人民监督员应当具备的条件和选任的模式。

　　人民监督员的选任条件实行兼具精英化与大众化的模式符合我国国情。人民监督员的成员组成在大众化的基础上需要加入一定比例的专业人士，适当吸收一定比例的具备法律、金融、会计等其他相关专业知识的人员。实行人民监督员队伍选任的区别化条件，同时还应当明确不得担任人民监督员的人员范围，以便保证选任后的人民监督员具备与监督相适应的能力。

## 一、人民监督员的选任条件概述

选任条件是选任人民监督员的规格和标准。司法部会同最高人民检察院出台《人民监督员选任管理办法》对人民监督员的选任应当具备的条件、禁止性条件以及不适宜条件作出了明确的规定。

### (一) 必备条件

必备条件又称积极条件，是人民监督员应当具备的基本条件。这一条件是人民监督员正确履行职责，有效进行监督的基础。人民监督员一般应具备以下条件：

1. 拥护中华人民共和国宪法

宪法是国家的根本大法，规定了国家的根本制度和根本任务，具有最高的法律效力，全国各族人民、一切国家机关和武装力量、各政党和各社会团体、各企事业组织都必须以宪法为根本的活动准则，并且负有维护宪法尊严、保证宪法实施的职责。宪法是人民监督员制度据以产生的基本法律依据。《宪法》第 2 条规定："中华人民共和国的一切权力属于人民。……人民依照法律规定，通过各种途径和形式，管理国家事务，管理经济和文化事业，管理社会事务。"《宪法》第 41 条第 1 款规定："中华人民共和国公民对于任何国家机关和国家工作人员，有提出批评和建议的权利；对于任何国家机关和国家工作人员的违法失职行为，有向有关国家机关提出申诉、控告或者检举的权利……"人民监督员作为这一制度的主体，必须拥护宪法。维护宪法尊严，保证宪法的实施，这既是对人民监督员在政治上的基本要求，也是人民监督员正确履行监督职责的必要条件。

2. 品行良好、公道正派

《人民监督员选任管理办法》从品德要求上对人民监督员设立了条件。相对而言，对人民监督员的素质要求应当是宽泛的，是为在社会大众中选取监督者提供的条件，故而关于此项业务素质的要求也是经过了多次改动。人民监督员制度试行之初，对人民监督员政治素质的要求是"作风正派，坚持原则，有良好的政治素质和较高的政策、法律水平"。经过一段时间的试行，将其修改为"公道正派，有一定的文化水平和政策、法律知识"。《人民监督员选任管理办法》第8条第1款规定，人民监督员应当品行良好、公道正派，应当具有高中以上文化学历。这一修改逐步突出了人民监督员选任广泛性的特点，将不具备法律专业知识，但符合一定道德的一般人民群众也纳入了人民监督员的范围。[1]

3. 身体健康

身体健康是人民监督员履行监督职责的基本保障。在案件监督过程中应当查阅案件、听取承办人对案件的汇报、学习各项法律法规，同时还可能参与案件评议、听取有关人员的陈述、听取律师的意见等。可见人民监督员的工作既集中又广泛，在特定时空中还体现出相当的工作强度，而且人民监督员自身本职工作一般也较为繁重，这种情况下，只有身体健康，才能保证人民监督员充分履行监督职责。

4. 年满23周岁，具有高中以上文化学历

这是人民监督员的年龄和学历条件。人民监督员依照规定对人民检察院办案活动中的"十一种情形"进行监督，检察活

---

[1] 尹立栋、王林飞等：《人民监督员制度实践与展望》，中国检察出版社2017年版，第44页。

动的特点和职务犯罪的复杂性客观上要求履行监督职责的人民监督员具有较为丰富的人生阅历和社会经验。年龄过轻一方面不可能具有较为广泛的代表性和群众基础，另一方面也难以胜任人民监督员的工作。

（二）禁止条件

禁止条件又称消极条件，是不得担任人民监督员的条件，即具有禁止条件的人员，不得担任人民监督员。这是从另一个角度对人民监督员选任条件的限制，其目的同样在于保障人民监督员的素质和人民监督员的监督效果。人民监督员具有以下情形的，不得担任人民监督员：

1. 因犯罪受过刑事处罚的人员

人民监督员制度是检察机关主动接受社会监督的一种制度创新。担任人民监督员的人要有广泛的群众基础和社会公信力，能够充分反映一定范围内的社会民意。实施过犯罪或者处于被刑事追诉的状态，在群众基础和社会公信力等方面存在较大瑕疵，这种人员选任作为人民监督员既不符合人民监督员制度的设计目的，也不利于人民监督员制度的发展。

2. 被开除公职的人员

开除公职系行政纪律处分的内容，是最为严厉的行政纪律处分。人民监督员若是履职过程中违反行政纪律，其本身在职业道德上就存在履职缺陷，无法成为监督他人、履行法律监督职责的监督者。

3. 丧失行为能力的

丧失行为能力既包括在选任为人民监督员之前就已经不具有行为能力的人，也包括在履职过程中，因为突发原因丧失行为能力的人，即失去了履职的能力，应当终止其人民监督员资格。

4. 在选任中弄虚作假，提供不实材料的

在选任中弄虚作假，提供不实材料的人，本身在品行素质上就不符合"品行良好、公道正派"的道德要求，其最终的监督行为也很难让人信服。

5. 年度考核不合格的

年度考核不合格是人民监督员资格存续期间，出现了继续成为下一任人民监督员的禁止性条件，或者已经被选任为人民监督员，但在上年度的监督履职过程中，未能尽到履职职责，被考核为不合格时，应当终止其人民监督员的资格。

（三）不宜条件

不宜条件是指除了担任人民监督员的必备条件和禁止条件之外的不宜担任人民监督员的情形。这些人员主要包括人民代表大会常务委员会组成人员，人民法院、人民检察院、公安机关、国家安全机关、司法行政机关的在职工作人员和人民陪审员不参加人民监督员选任。这些人员并非出现了履职能力或者道德品行等方面的绝对禁止情况，其本身符合成为人民监督员的任职条件，也具有履职能力，仅仅是因为其在社会上的特殊身份、地位、职务原因可能影响其履行人民监督员职责。

选任人民监督员的范围与条件直接关系到人民监督员制度民主性与效率性的实现，人民监督员的身份与质量对人民监督员制度设立的基本价值有着极其重要的影响。人民监督员的选任条件与范围主要解决的是什么人可以担任人民监督员、什么人不可以担任人民监督员以及什么人不宜担任人民监督员的问题。这些条件的科学正当与否，对于人民监督员制度的实现与否具有决定性作用。人民监督员制度存在两个基本价值，监督检察机关行使检察权以解决"谁来监督监督者"的问题，以及在检察工作中实现司法民主。人民监督员的选任范围和条件应当紧紧围绕这两个基本价值展开。

## 二、人民监督员选任条件的发展历程考察

最高人民检察院在人民监督员的条件上确定了积极条件和消极条件。积极条件曾强调为：①拥护中华人民共和国宪法；②有选举权和被选举权；③年满 23 岁；④公道正派，有一定的文化水平和政策、法律知识；⑤身体健康。在人民监督员制度设立之初，最高人民检察院规定人民监督员应当具备一定的法律知识，具有专业化的倾向。[1] 而消极条件主要为：①受过刑事处罚或者受到刑事追究的；②被开除公职或者开除留用的。对于因职务原因可能影响履行人民监督员职责的人员也不宜担任人民监督员。这些情形主要为：①党委、政府及其组成部门的负责人；②人民代表大会常务委员会组成人员；③人民法院、人民检察院、公安机关、国家安全机关、司法行政机关的在职人员；④执业律师、人民陪审员等法律工作者。之所以规定人民代表大会常务委员会组成人员、特定国家机关工作人员以及执业律师等不宜担任人民监督员，其主要原因是防止使正常的监督制约关系混乱，[2] 防止因职业特点左右人民监督员在履行监督职责时的

---

[1] 有学者认为，"这实际上将很大多数的公民排除在可选择的范围之外。"参见袁兆春、殷宪龙："人民监督员制度的定位困惑与完善构想"，载《甘肃社会科学》2010 年第 5 期；"目前高检院的规定和各地普遍的做法是'精英化'。在制度上规定担任人民监督员的条件之一是'有良好的政治素质和较高的政策、法律水平'。这一规定可能会将那些通常缺乏这种政治和业务素质的普通老百姓排除在外。从实际操作的情况看，也是按照这一要求组成基本上属于'精英化'的监督队伍。"参见龙宗智："人民监督员制度有关问题探析"，载《国家检察官学院学报》2005 年第 1 期。

[2] 但伟："正确认识人民监督员制度切实推进检察改革"，载《人民检察》2004 年第 5 期。

客观判断。人民监督员制度尽管需要大众化，但现实的普遍做法仍保持精英化的特色，同时还有一定的官员化、内部化。[1]以西南某省级人民检察院为例，9 名监督员中，某区局局长 1 名、法学教授 2 名（1 名法学院副院长）、法学博士 1 名、省纪委某室主任 1 名、省人大处长 1 名、法医学知名专家 1 名、省社科院副院长 1 名、报业集团副总编 1 名。另据统计，13 件人民监督员持不同意见的案件，参与监督的共 52 名人民监督员，被省检察院认为"在当地都具有较高的威信和较强的社会影响力"，其中人大代表 21 人，占 40.38%；政协委员 15 人，占 28.85%；有法学教育背景的 16 人，占 30.80%；有法律工作经历的 46 人，占 88.46%。应当说，按照《最高人民检察院关于实行人民监督员制度的规定》的基本思路，各级检察机关的监督员配置有一种"精英化"的倾向。[2]

《深化人民监督员制度改革方案》要求人民监督员应当具备"广泛的代表性和扎实的群众基础"，"拟任人选中，机关、团体、事业单位工作人员一般不超过选任总数的 50%"。该规定虽然可以在一定程度上解决人民监督员队伍中机关、团体、事业单位工作人员所占比例过高的问题，但 50%的比例上限仍过高，还不能从根本上解决大众化以及人民监督员代表性的问题。然而，实践中的人民监督员体现在四个方面：一是人民监督员人

---

〔1〕　此观点的表述还有"选任的人民监督员具有组织化、精英化、官方化色彩，领导干部居多，民意代表性、广泛性不足"。参见高一飞："人民监督员制度改革研究"，载《南京师大学报（社会科学版）》2009 年第 4 期。"我们发现，省检察院所倚重的选任渠道主要还是那些国字号单位，这意味着人民监督员在构成上是以公务员或者比照公务员待遇的企事业员工为主体的。"参见陈卫东、孙皓："人民监督员制度运行调研报告"，载《国家检察官学院学报》2011 年第 5 期。

〔2〕　龙宗智："人民监督员制度有关问题探析"，载《国家检察官学院学报》2005年第 1 期。

选中具有公务员或者事业单位在编工作人员身份的人员，一般不超过选任名额的 50%。二是人民监督员每届任期五年，连续担任不超过两届；人民监督员不得同时担任两个以上人民检察院人民监督员。三是要求司法行政机关采取到所在单位、社区实地走访了解、听取群众代表和基层组织意见、组织进行面谈等多种形式，考察确定人民监督员人选，并进行公示。四是明确每个县（市、区）人民监督员名额不少于 3 名，保证人民监督员地域分布的广泛性。据统计，2005 年底，全国共选任人民监督员 20 209 名，其中各级人大代表 7477 名，各级政协委员 4787 名，占 60.7%；有法律专科以上学历和具有法律工作经历的 6793 名，占 33.6%；包括工人、农民、民主党派和无党派人士、少数民族、机关干部、企业职工等各界人士。[1] 对此，也有人认为，上述数据仅表明人民监督员有精英化的倾向；还有学者认为，上述数字不但反映出各级人民监督员没有精英化，而且反映出具有法律专业知识的人民监督员所占比例很小，人民监督员大众化倾向很明显。[2]

我们认为，上述数据中虽然专业人士所占比例有一定的波动，但总体上专业人士与大众人士之间的比例相对稳定，兼具精英化与大众化的特点，这种比例比较合理。与全国人民监督员队伍相比，地方人民监督员队伍组成横向以及纵向差异较大。据统计，四川省广安市选择了大众化的改革方向。广安市与西南政法大学合作，以校检联合的方式进行人民监督员制度的司法改革，在人民监督员选任条件与范围方面取得了较为突出的成就。广安市体制外试点之前，人民监督员中法律专业人士或

---

〔1〕 彭辅顺、陈忠："人民监督员制度之检讨与改进"，载《河北法学》2010 年第 2 期。
〔2〕 彭辅顺、陈忠："人民监督员制度之检讨与改进"，载《河北法学》2010 年第 2 期。

其他法律工作者和人大代表或政协委员各占 54.3%、50%；体制外试点后这一比例为 24.2%、39.4%；岳池县深化试点后这一比例降为 0 和 33.3%。[1] 其中，人大代表或政协委员所占比例一直处于较高水平。可见，广安市人民监督员选任条件起初具有专业化的倾向，但随着改革的推进，广安市人民监督员制度的选任模式逐渐偏离专业化，最终有可能走向大众化。截至 2017 年 6 月，各省提供的数据表明，在新一届人民监督员中具有公务员或事业单位在编人员身份的占总人数的 42.2%，符合"不超过 50%"的改革要求。但剩下的接近 60% 的人员中脱离"国字号"，来自于社会行业中占大比例的私有制企业、个体户、农民工的却不多。选任结果达到纯粹的"民间性""大众性"，符合要求的社会主要群体都有机会成为人民监督员，减少由工作属性产生的选择倾向，这样才能使人民监督员在行使职权的过程中更独立、中立。[2]

### 三、人民监督员选任条件的理论争议

对于人民监督员的选任要精英化或大众化抑或兼具精英化与大众化，在理论界存在较大争议。

### （一）"精英化"模式

持精英化观点的学者认为，走精英化的路线至少有三点意义：[3]

---

[1]　徐昕："人民监督员制度的广安模式"，载《当代法学》2009 年第 6 期。

[2]　陈卫东、胡晴晴、崔永存："新时代人民监督员制度的发展与完善"，载《法学》2019 年第 3 期。

[3]　龙宗智："人民监督员制度有关问题探析"，载《国家检察官学院学报》2005 年第 1 期。

第一，人民监督员精英化可以使监督更具有技术上的合理性。[1] 因为"较高的政策、法律水平"乃至熟悉甚至精通某方面的事务，可能对案件的事实、性质以及法律的适用作出更为准确的判断。从人民监督员履行职责的方式来看，具备一定的甚至是较强的法律专业理论水平和实践操作能力是履行人民监督员职责的基本条件。[2] 从人民监督员的工作内容来看，虽然

---

〔1〕 如"人民监督员监督的案件当事人都是担任一定职务的国家工作人员，文化程度较高。如果监督者本身文化水平较低，就难以进行有效的沟通，会形成落差。因为没有一定的素质，案情都听不明白，个人的意思都无法表达，怎么来履行监督职责呢？另外，人民监督员的法律知识也很重要。实践中一些人民监督员缺乏应有的法律知识，甚至对一些基本的法律知识都掌握不深、理解不透，提出的问题比较粗浅和不够到位，直接影响到监督效果。这从反面说明人民监督员法律知识的重要性。尤其是人民监督员监督对象都是职务犯罪案件，这类案件比一般刑事案件往往来得更为复杂和疑难，因此，如果人民监督员缺乏相应的法律知识，就很难判定捕与不捕、诉与不诉、撤与不撤的合法性与正当性。""人民监督对检察机关的自侦案件不仅要从事实上，而且还要从法律适用上进行监督，且人民监督员是独立进行监督并作出表决意见，检察人员既不能引导，更不能参与人民监督员的监督评议和表决。此外，现行的监督模式类似于'报告式'，即使将来改为'兼听式'监督模式，人民监督员也只能听取犯罪嫌疑人及其委托的人与案件承办人双方的意见，犯罪嫌疑人及其委托的人与案件承办人之间不能展开直接的抗辩，不能像'控辩式'庭审方式一样将案件的事实、证据和法律适用问题的分歧点充分展开，阐述清楚，人民监督员评议案件完全是凭着自身的法律常识和评议经验来进行的，因此强调人民监督员的政策、法律知识就显得尤为重要。""人民监督员如果不具有一定的文化水平和政策、法律知识，是难以履行好监督职责的。"参见姚强、梅屹松："人民监督员制度争议问题探讨"，载《法学》2006年第6期。"从人民监督员制度的监督功能看，平民化和非专业化可能不利于监督的实际效果。基于国情的不同，中国实践司法民主的制度选择与西方建立在'橄榄型'社会结构基础上的司法民主制度不同，我国受社会经济体制、经济水平发展、传统文化积淀、民众受教育程度等因素的影响，并不存在一个庞大的、受过良好教育并具有独立思维能力的市民阶层，更未经由'经济市民'催生出介于国家与传统市民社会的'公共领域'，这决定了我国的司法民主化只能走增量式改革的道路。为了使监督不致沦为陪衬，在现阶段为人民监督员资格设定一定的条件是必要的，例如在文化层次上，可限定为高中或中专文化以上，但不以其具备法律知识为限。"参见周苏友、钟凯、李君临："关于完善我国人民监督员制度的若干思考——基于国家与地方立法的不同视角"，载《社会科学研究》2007年第6期。

〔2〕 袁兆春、殷宪龙："人民监督员制度的定位困惑与完善构想"，载《甘肃社会科学》2010年第5期。

人民监督员履行监督职责的案件范围有所调整。这些案件不但涉及一系列法律上的专业术语，如立案、逮捕、不起诉、撤销案件、超期羁押、刑事赔偿等，而且犯罪嫌疑人是否需要决定逮捕、案件是否应当立案、能否作不起诉决定、是否需要撤销案件等实质性内容，只有具备一定的刑事诉讼法、刑法、国家赔偿法等方面的专业知识和法学理论素养的人，才能作出更加准确合理的判断，并提出更有针对性的意见。反之，如果人民监督员缺少法律专业知识和法学理论素养就谈不上真正的监督。可以说，人民监督员进行监督或提出意见，具备一定的专业性，人民监督员的监督才能是一种名副其实的专业监督。

　　第二，精英化在一定程度上赋予这种监督以一种外貌上的正当性与权威性，使其易于被检察机关接受的同时得到社会的认可。人民监督员制度的内在价值在于促进提高检察机关的执法水平和办案质量，确保依法公正履行检察职责，维护社会公平正义。人民监督员的监督不同于人大监督、监察监督、媒体监督等其他监督形式，它是一种由人民监督员直接参与个案的监督。而个案监督需要从案件事实、法律依据等方面对检察机关查办的案件进行审查判断，如果人民监督员缺乏专门的法律知识和理论素养，就难以产生应有的监督效果。[1]对于办案案件质量的把控，只有对法律法规以及其他相关专业知识有着充分把握的专业人员作出的判断方能具备较强的说服力，同时对检察机关也能更好地起到实质上的监督，实现人民监督员制度监督检察机关行使检察权的价值。如果人民监督员大众化，由缺乏法律专业知识和法学理论素养等相关专业知识的人来监督案件，难以实现人民监督员制度的价值目标，也会使得人民监

---

〔1〕　彭辅顺、陈忠："人民监督员制度之检讨与改进"，载《河北法学》2010年第2期。

督员制度在监督效果上大打折扣。

第三，精英化可以减少监督人员数量，精简相关专门知识的培训，降低监督成本，提高因监督而进行之投入的性价比，增强监督的深度与厚度。

但学界对精英化的人民监督员队伍也存有质疑，其中反应最强烈的便是精英化的人民监督员队伍不利于人民监督员制度司法民主化价值的实现。现代社会，打破司法垄断实现司法民主已成为国家和社会民主法治的重要标志。人民监督员精英化尽管可以实现对检察机关行使检察权的实质监督，但缺乏广泛的民意代表性。精英化的人民监督员的活动范围有限，具有一定的封闭性，难以同自己生活范围之外的人民大众有充分的接触与交流，更难以将人民大众的意愿反映到监督检察机关行使检察权的职能中去。人民群众对于检察机关行使检察权的质疑很大程度上来源于检察机关行使检察权的封闭性。有些案件的处理结果即使符合法律规定但由于社会大众对于某些容易产生争议的内容缺乏了解进而产生误解，案件办理结果也难以为社会大众所信服，最终仍无法化解人民群众对检察权的质疑，人民监督员制度的监督效果无法充分实现。同时，对于人民监督员选任条件精英化的实际效果也存有疑问。因为检察官队伍本身就是司法精英化群体，随着检察官员额制的实施，精英化更为彻底，同时被监督案件的犯罪嫌疑人也具有较高的知识水平，如此一来，精英化的人民监督员队伍的业务水平能否高过检察官仍值得思考。况且，同属于法律行业的专业化人士，检察官与精英化的人民监督员基于其工作经验难免有部分共同或截然相反的价值取向，因而完全精英化的人民监督员队伍其监督效果也存在一定的疑问。

## （二）"大众化"模式

持人民监督员选任条件大众化观点[1]的主要理论依据有两个方面：

第一，协调司法专业化与司法民主化的关系。检察官均为经过专门司法培训的专业化的司法工作人员，特别是员额检察官具有较强的专业性，在其办案中引入人民大众作为人民监督员，可以引导民众凭借社会经验、常识理性以及正常的伦理观念对诉讼案件作出判断，以便弥补检察官过于专业化的缺陷，与其形成知识和思维互补，从而有效地查明案件的事实真相。职业检察官在长期的检察工作中会获取大量的工作经验和积累

---

〔1〕　持人民监督员选任条件应当遵循大众化的学者主要有如下观点："为了使监督不致沦为陪衬，在现阶段为人民监督员资格设定一定的条件是必要的，例如在文化层次上，可限定为高中或中专文化以上，但不以其具备法律知识为限。"参见周苏友、钟凯、李君临："关于完善我国人民监督员制度的若干思考——基于国家与地方立法的不同视角"，载《社会科学研究》2007年第6期。"绝对强调专业性，要求人民监督员以纯粹法律思维来履行职责，易陷入逻辑上的偏执而脱离社会生活过于强调大众化，存在降低法律确定性与权威性的危险。"参见袁兆春、殷宪龙："人民监督员制度的定位困惑与完善构想"，载《甘肃社会科学》2010年第5期。"成员素质要兼顾广泛性和功能性统一，特别是不能要求过高的法律业务素质。因为它是一种民众参与司法，体现的是社会监督而不是专业监督。我认为其条件和素质与人民陪审员相当就够了，甚至在法律上可以将'人民陪审员'和'人民监督员'适用同一程序产生，一身二任。公民的良知与理性应当是首要的。特别是如果人数相对多，则非常可能形成理智与民心的互补。但是，应当明确规定，哪些人不能担任人民监督员。"参见周士敏："人民监督员制度的性质和功能"，载《国家检察官学院学报》2004年第4期。"在司法系统内引入非法律职业人员，参与司法过程，将大大增加司法制度的开放度和透明度。人民监督员制度的建立，意味着在检察工作中增设了一条人民群众直接参与和监督检察工作的新途径，有利于检察机关接受人民群众的监督，倾听人民群众的意见，因而符合我国社会主义检察制度的本质要求和发展方向。"参见刘周："人民监督员制度的法理基础及现实思考"，载《浙江工商大学学报》2005年第2期。"我国人民监督员在很多地方作了不必要的限制，从重庆市的改革来看，此次重庆市扩大人民监督员范围的做法值得推广，但从根本上说，还需要增加人民监督员的数量和随机性，使更多的人有可能参与到人民监督员行列中来。"参见高一飞："人民监督员制度改革研究"，载《南京师大学报（社会科学版）》2009年第4期。

广泛而精准的法律知识，但也存在一些不足，即单纯从法律思维和明确的法律规定的标准来审视所接触的人或者事，极易形成职业偏见（当然，其他行业也会形成）。人民监督员则不同，他们来自社会的各行各业，熟悉社情民意，他们在履行职责过程中，往往更注重从社会道德标准的角度对案件进行评断，将社会公众的良心和善恶标准、是非观念融于检察机关行使职权的过程之中，实现司法民主。

第二，人民监督员制度设立的一个重要原因便是人民大众对检察机关行使检察权存在质疑。与审判活动相比，检察机关在行使检察权时具有更强的封闭性，人民群众对检察机关行使职权的过程不了解。社会大众无法了解检察机关办案情况，缺乏与其的沟通机制，没有一个合理的表达意见的渠道，这在社会新常态的形成过程中容易积累不满与矛盾。而这种不满与矛盾极易演变为质疑检察院行使特定职权的合法性与合理性。有学者认为，人民监督员行使监督权属于权利监督，权利每个人均享有，都应享有均等的机会行使权利，均可以根据《宪法》和法律的规定行使监督的权利。这种权利以提出意见和建议、申诉、控告或检举的形式表现出来，非基于法律明文规定或正当目的不得对权利的行使进行限制。因此，人民监督员的选任条件应当坚持大众化模式，让尽可能多的人能够有机会参与到监督检察机关办案中来，以便更好地行使《宪法》赋予公民的监督批评权。

但是，人民监督员选任条件采用大众化模式也存在一些现实问题。首先，人民监督员如果不具有一定的文化水平和政策、法律知识，就难以对检察机关行使检察权进行实质上的监督，其监督极易流于形式，会影响到监督的效果，会背离人民监督员制度设立的初衷。人民大众的生活常识究竟能否成为监督检察机关行使特定检察权的有效手段仍是一个疑问。利用人民大众的生活常识即公民理性参与司法最典型的是人民陪审员制度。陪审员作为人民群众的代表参与司法审判。无论是西方的陪审团制度还是我国的人民陪审员制度，无论是陪审制还是参审制，无论是对事实认定还是对事实与法律进行双重认定，陪审员制度设立的目的是陪审员或陪审团利用其生活中的基本常识对其参与的案件作出判断。陪审员参与陪审的案件具有普遍性，因为法院审判的案件本身就具有强烈的广泛性，进入法院审判之案件的主体不具有特殊性，每一个人都有可能成为被审判的对象。但人民监督员制度中，被监督的案件具有特殊性，一般性的生活常识与被监督案件多无交集，不具备相关的专业知识难以对被监督案件产生实质性影响。

其次，检察机关行使检察权就像医生医治病人一样，面对社会病态，检察机关必须运用专业化的知识对社会病态进行医治，普通人无法轻易辨别医生的诊治是否正确，只能从外在的程序上判断其诊治程序是否合规。基于检察权行使的封闭性，过于强调人民监督员选任条件的大众化可能会出现司法为民意所左右的情形，难以完全实现对检察权进行监督的本意。

最后，人民监督员制度规定的监督形式是一种新型的监督形式，是一种在事中参与到检察机关办理案件当中的直接监督。人民监督员在具体监督过程中所履行的职能为检察机关内部办理案件作出决定具有重大影响，人民监督员履行职责的行为已经能够成为检察权行使的组成部分，是作为一种权力属性而存在的。权力不同于权利，权力行使的主体范围具有限定性。但是，人民监督员群体毕竟是少数人群体，如果人民监督员制度规定的监督属于权利监督，那么占社会绝大多数的非人民监督员将无法获得均等的、以某一特定形式行使其监督权利的机会。根据人民监督员制度的选任条件可知，人民监督员并非绝对的随机抽选，每个人获得成为人民监督员的机会是不平等的。法律明文规定禁止某些特定人行使选举等权利，但《宪法》规定的监督权并没有主体的限制，无论是成年人还是未成年人、守法的公民还是因违法犯罪而被剥夺自由的人都有权行使监督的权利。因此，为适应人民监督员的监督权之权力属性，对人民监督员的选任条件应当进行必要的限制，这种限制应当体现在两个方面，即大众对权力的参与以及权利的有效实施。

为保障人民监督员大众化的属性，有学者主张人民监督员的选任与人民陪审员的选任适用同一程序，将人民监督员与人民陪审员合并，一身兼二任，[1] 实现彻底的大众化。人民监督员与人民陪审员适用同一程序虽然能较好地解决人民监督员制度的司法民主价值问题，节约选任成本，但这样依然会存在诸多难以解决的问题。人民陪审员与人民监督员履行职责的方式以及阶段不同，导致人民陪审员可能在一个案件中既参加了对检察机关的监督又在审判阶段对检察机关进行审判，有重复监督的嫌疑。更严重的是，人民陪审员在行使职权过程中因其先前基于其人民监督员身份对检察机关的监督产生的经验、常识，在履行人民陪审员职责的过程中容易先入为主，在陪审过程中产生对检察院或被告人不公平的预判，从而弱化人民陪审员参与司法、实现司法民主的价值。

---

〔1〕 周士敏："人民监督员制度的性质和功能"，载《国家检察官学院学报》2004年第4期。

### （三）"内选"模式

无论是精英化还是大众化均没有脱离人民监督员选任条件的外部化，是一种"外选"。有学者主张既不应坚持精英化也不应坚持大众化，应当采用"内选"的方式选任人民监督员，即人民监督员在将来的法治化进程中应当直接从人大代表或政协委员中产生。[1] 支持"内选"模式的理由主要有以下几点：

第一，人大代表具有广泛的代表性，政协委员具有联系外界的广泛性，符合人民监督员作为"人民参与管理国家司法事务"主体的要求，且人大本身就是法定权力机关，负有监督司法的职责，政协是参政议政机关，让人大代表、政协委员担任人民监督员监督检察机关办案具有法理上的正当性。

第二，现行人大、政协有着完善的组织管理体系，人大代表、政协委员担任人民监督员有较完善的经费、政策保障，具有较高的可操作性，无须另起炉灶单独选任人民监督员。

虽然由人大代表和政协委员担任人民监督员能够解决司法民主性与监督检察机关行使检察权的冲突，但由人大代表和政协委员担任人民监督员在法理上存在一定的紧张关系。由人大代表、政协委员直接担任人民监督员有较大弊端：首先，由人大代表担任人民监督员容易出现制度上的重复建设，浪费立法资源，还会导致其在履行监督检察机关的职责时发生定位上的混乱。人民代表大会是我国的权力机关，人大代表是这一权力机关的基本组成人员，其本身享有代表人民对包括检察机关在内的各国家权力机关进行监督的权力，是一项法定权力。人民监督员制度的价值在于强化人民参与检察权的行使，对检察机

---

[1]　邢宝玉："人民监督员制度若干问题研究"，载《人民检察》2010 年第 4 期。

关办理案件中的特定情形进行监督，其主要向人民大众负责，并化解人民群众对检察机关行使检察权的质疑，但人大代表则是对其参与的政治活动向人民负责，二者在身份上有明显的不同。

其次，由人大代表、政协委员直接担任人民监督员容易出现影响检察机关依法独立办案的情形。全国人民代表大会是国家最高权力机关，地方各级人民代表大会也是地方最高权力机关，检察机关由人大产生并向人大报告工作。政协是参政议政的机关，其通过政治协商等方式履行参政议政职责。人民监督员由人大代表直接产生并对个案进行监督，虽然能够发挥较强的监督效力，但人大代表监督检察机关时难以实现由人大代表到人民监督员这一身份的彻底转变。监督主体身份的不同直接影响监督效果。人大代表对检察机关的监督有上级监督下级的特点，已经远远超过人民监督员制度中"提出意见"的程度，即使人大代表仅是提出意见，这种意见也绝非在人民监督员制度中供检察机关"参考"，而是具有强烈的强制力，使得检察机关在面对办理案件等特定情形时享有的司法独立权被削弱。同理，政协委员以参政议政的方式参与政治事务，若无法在履行职责时及时转换身份可能会导致简单的刑事案件上升为政治问题，可能会影响检察机关依法独立行使检察权。

再次，规定人民监督员中人大代表、政协委员应占较大比例还会严重增加人大代表、政协委员的工作压力，使得人大代表、政协委员不堪重负。人大代表、政协委员在人民代表大会、政治协商会议闭会期间，除了要做好本职工作、发挥先锋模范作用之外，还应当密切联系本选区的人民群众，听取和反映人民诉求，努力服务本选区人民。在会议期间，应当提交、审议议案，审议相关部门工作报告，选举相关部门人员等，或者参与审议相关议案。若规定人民监督员中人大代表、政协委员占较大比例，在《宪法》《全国人民代表大会组织法》之外增加人大代表、政协委员新的工作任务，容易使得人大代表、政协委员因负担过重而不能全面履行代表人民行使权力或履行参政议政的职责。人大代表、政协委员的职责具有全面性，但其精力和资源又有限，如强加给人大代表、政协委员以人民监督员的职责，会严重削弱人大代表、政协委员履行其本职工作的质量。

最后，由人大代表、政协委员直接担任人民监督员无法化解人民群众对检察机关行使检察权的质疑。人大代表、政协委员皆来源于社会的精英阶层，其代表性主要体现为其所在领域，如工商界代表、律师界代表等，人大代表、政协委员参与政治活动时主要针对本领域内的问题进行履职。而人民监督员制度的主要目的在于化解人民群众对检察机关在行使检察权的质疑，与人大代表、政协委员履职的特点不符，无法起到广泛代表人民群众参与司法的作用，也难以化解人民群众对检察机关行使检察权公正性的怀疑。

## 四、比较法分析

在国外的司法实践中，与人民监督员制度最为相似的制度是日本的检察审查会制度和美国大陪审团制度。对于美国大陪审团制度在本书的其他章节有专门的论述，在此不再赘述，仅仅介绍日本的检察审查会制度。

为了防止检察官独断专行，及时、准确地反映民意，保障公诉权行使的正当性，日本于 1948 年制定实施了《检察审查会法》，建立了检察审查会制度，通过抽签方式从一般国民中（众议院议员选举权者）选定 11 名检察审查员，组成检察审查会，负责审查检察官对案件作出的不起诉处分是否适当、对检察厅的工作提出改进意见的建议和劝告，这是一种在检察官行使公诉权过程中反映民意的制度，[1] 是在战后司法民主化和强化检察权的时代背景下设计出的一种新制度，具有鲜明的时代特征。[2] 日本检察审查会制度中检察审查员的选任条件属于典型的大众化模式，[3] 这是由日本检察机关的独特性以及检察审查会所监督的案件的特点所决定的。被监督案件涵盖所有刑事案件，案件类型广泛，选取具有广泛代表性的检察审查员能够对检察官的精英意识进行抑制，防止检察官作出脱离社会、脱离民众的判断。监督案件主要是来自刑事被害人或者利害关系人的申请。因此，日本的检察审查会制度更加强调对被害人的救

---

〔1〕《日本检察审查会法》第 1 条规定："在行使公诉权时反映民意。"

〔2〕 丁相顺："日本检察审查会制度的理念、实施与改革"，载《国家检察官学院学报》2005 年第 3 期。

〔3〕《日本检察审查会法》第 5 条规定了不具有担任审查员资格的情况：①小学没有毕业者，但具有小学毕业学识水平的人则不受限制；②破产没有复权者；③受到一年的惩役以及受到禁锢刑处罚者。第 6 条规定了虽然具有担任审查员资格，但由于身份或者职务上的原因不能够担任审查员的 20 种情形：①天皇、皇后、太皇太后、皇太后以及皇嗣；②国务大臣；③法官；④检察官；⑤会计审查院检查官；⑥最高法院事务局长、最高法院长官秘书、最高法院法官秘书、司法研修所教官、法院书记官研修所教官、家庭法院调查官研修所教官、高等法院长官秘书、法院调查官、法院事务官、法院速记官、法院速记官候补、家庭法院调查官、家庭法院调查官候补、法院技官、执行官以及庭吏；⑦中央更生保护审查会、地方更生保护委员会以及保护观察所的职员；⑧法务省官员；⑨检察总长秘书、检察事务官、检察技官以及其他检察厅职员；⑩检察审查会事务官；⑪国家公安委员会委员、都道府县公安委员会委员以及警察；⑫属于司法警察职员的人员；⑬自卫官；⑭监狱官吏；⑮经济调查官吏；⑯税收官员、海关官员以及专卖官员；⑰邮政、电话电信、铁道以及轨道交通部门中的在职人员以及船员；⑱都、道、府、知事，以及市、町、村地方政府首长；⑲律师以及辩理士；⑳公证人以及司法书士。

济。[1] 检察审查会启动审查工作的动力比较强，监督的利害关系同时影响被害人、被告人以及检察机关等多方，具有利益相关方互相制衡的特点，能够在监督内部起到一定的平衡制约作用，避免监督的形式化。

我国的人民监督员制度的监督范围原先仅包括检察机关办理案件中的"十一种情形"，并非所有人都能成为案件的当事人，涉及案件的人员有限。在具体监督中，人民监督员面对的是犯罪嫌疑人和检察机关，监督的效果对双方有着不同性质的影响。对犯罪嫌疑人而言，面对的可能是是否会受到刑事追诉或暂时丧失人身自由；对检察机关而言是应否追诉或对对方进行羁押。有些案件的涉案人员与人民群众不具有互动性，人民群众很少成为该类案件的涉案人员，涉案人员往往被国家工作人员所"垄断"，人民群众无法运用常识对案件情形产生切实的体验，不同群体之间往往会因为不了解而产生固有的偏见，其判断的正当性不足。

修订后的《人民检察院组织法》将人民监督员制度的监督范围转为对检察机关所有案件实施监督，但在人民监督员的选任条件上依然不宜采取绝对的大众化模式，而应当在大众化的基础上吸收一定比例的专业人士，遵循比例原则，从而保障人民监督员的监督能力。

## 五、我们的研究

人民监督员的选任条件既要包含精英化的元素又要有大众化的体现。在人民监督员选任的条件上，应当着重考察监督的

---

[1] 肖静："人民监督员制度与日本检察审查会之比较"，载《人民检察》2007年第7期。

实效性标准和监督主体的广泛代表性标准，即兼具专业化与大众化。专业化标准设立的目的主要在于发现问题，因为办理案件具有技术上的复杂性。大众化标准设立的目的主要是加大人民群众对检察机关办理案件的参与度，提高其对检察机关的认可度。同时实现专业化与大众化最简洁有效的手段是选出既具备专业化知识又具备广泛社会代表性和群众基础的人担任人民监督员。这就需要对人民监督员的选任条件进行适当区分，划分为专业化的人民监督员与大众化的人民监督员。尽管二者在选任时的知识群体范围不同，但选任方式是相同的。

在选任的人民监督员队伍中，法律专业人士与大众人士应当分别占一定的比例。具体比例可参照法院审判时法官与人民陪审员的比例，即人民大众人士与专业人士分别不应低于1/3，双方具体所占比例可根据当地司法状况以及案件的具体情况作相应调整，人民大众所占比例可高于或低于专业人士，但二者均不能低于1/3。

在人民监督员对案件进行监督时，专业化的人民监督员与大众化的人民监督员各有侧重，专业人士侧重利用专业知识对专业问题进行判断。精英化人民监督员主要发现问题，而非处理案件，发现案件中存在的瑕疵与潜在的过错并提出意见，这并非一定要求人民监督员具备比检察官还要高的水平。人民监督员更多的是对检察官办理案件的程序进行监督，熟知刑事诉讼法、监督法及相关法律规定的办案程序并对程序严格监督，督促检察机关严格遵守程序，维护程序正义。大众人士侧重代表人民大众对检察机关的工作进行监督，利用生活常识判断是非曲直。当然，各有侧重并非指专业人士不能代表人民大众，大众不能进行专业判断，相反，这两方面的工作双方均能履行，只是侧重点不同。在履行职责时，使案件处理结果既能在违法时被及时指正，又能在合法时为广大民众所接受，兼顾了人民监督员制度的监督检察权的实质效果与社会效果。

在目前的组成结构中，应当提升企事业单位的普通工作人员、城乡基层组织中的人员以及民营企业人员的比重，与此同时限制并逐步降低人大代表、政协委员的比例，并且在人员组成中保留法学专家以及其他专业人士的比重。考虑到制度的实施现状和未来的发展方向，应对上述三者之间的比例作出更加细致的设定，规定为5：3：2较为合适。[1]因此，对于人民监督员的范围以及人员结构比例需要充分体现人民性。人民监督员的范围是保证该项制度监督实效的主要方面，在职务犯罪查办中不仅案件办理难度大，其专业知识要求也高，引入适当的"专业人士"的做法也是有益的，不会对该制度的"人民性"质疑，甚至降低人民的积极性和对监督效果的认同感。因而在人民监督员的成员组成方面、大众人员和专业人士的选任条件和选任比例方面可以实行动态的人员搭配，例如对检察机关的监督，大众化的比例可以适当多于专业化。

目前，人民监督员队伍得到整体优化，基本实现了人员结构职业性、专业性、广泛性，公民自荐比例大幅提高，特别是专职律师的加入，突破了以往律师不能担任人民监督员的限制。例如，云南省司法厅人民监督员选任工作从2016年12月启动后，经过发布公告、组织报名、资格审查、组织考察、拟任公示等多个环节，全省最终选出了740名具有较高的政治素质、广泛的代表性和较强的履职能力的人民监督员，包括省级95

---

[1] 王忠良："人民监督员选任机制研究：困境解析与路径探究"，载《西部法学评论》2013年第1期。

名、州市级 645 名。其中，组织推荐的占总人数的 66.1%，个人自荐的占 19.8%，留任人员占 14.1%；公务员及事业单位在编人员占 45.95%；法学界人士占 25.8%（其中律师占 12.4%）；民主党派人士占 31.6%；少数民族占 39.3%；女性占 36.4%；人大代表占 10.8%；政协委员占 16.4%；本科以上学历占 66.9%；35 岁以下者占 20.5%，35 岁~60 岁者占 75.4%，60 岁以上者占 4.1%。从组成结构上看，既体现了人民监督员"群众性、广泛性、代表性"要求，也能满足监督评议"专业性"的需要。[1] 因此，可采用近期和远期两种理路进行优化：近期采用"大众化"与"精英化"并存模式，以普通民众的视角对待检察工作，加入适当专业化色彩的精英人士的"理性"判断，从而保障人民监督员制度监督检察权的实质效果；远期待到人民法治理念等相关素养愈加充沛，可逐步采用完全的"大众化"模式，以大众化的生活经验与观念对检察业务进行评判才能使司法民主、司法公正的目标得以达成。律师作为人民监督员还存在需要讨论的问题。因为律师对于检察权的监督体现为制度安排中的诉讼监督，由诉讼法具体规定权限，而人民监督员制度体现为一种外部监督。对于律师作为人民监督员如何解决诉讼程序监督与外部的社会监督的均衡与角色冲突依然需要进一步探索。

[1] 如云南省司法厅人民监督员选任工作的相关做法，参见朱晶："云南 740 名人民监督员上岗履职"，载 http://mp.weixin.qq.com/s/g0YgARZdCdCLOdbF0z34rA，最后访问日期：2018 年 11 月 25 日。

 **相关依据**

**《深化人民监督员制度改革方案》**

**二、重点任务**

**（一）改革人民监督员选任机制**

......

3. 人民监督员的选任条件。人民监督员应当是年满二十三周岁，拥护中华人民共和国宪法，遵守法律，品行良好，身体健康，具有高中以上文化程度的中国公民，具备较高的政治素质、广泛的代表性和扎实的群众基础。人民监督员每届任期五年，连续任职不得超过两届。省级人民检察院人民监督员和设区的市级人民检察院人民监督员不得互相兼任。

4. 人民监督员的选任程序。省级和设区的市级司法行政机关与同级人民检察院协商，根据本辖区案件数量、人口、地域、民族等因素合理确定人民监督员的名额及分布。省级和设区的市级司法行政机关协调有关机关、团体、企事业单位和基层组织推荐人民监督员人选，并接受公民自荐报名，对推荐和自荐人选进行审查，提出拟任人民监督员人选并向社会公示。拟任人选中，机关、团体、事业单位工作人员一般不超过选任总数的50%。对拟任人选经公示无异议或者经审查异议不成立的，作出选任决定、颁发证书并向社会公布。

**《人民监督员选任管理办法》**

第8条　拥护中华人民共和国宪法、品行良好、公道正派、身体健康的年满二十三周岁的中国公民，可以担任人民监督员。人民监督员应当具有高中以上文化学历。

因犯罪受过刑事处罚的或者被开除公职的人员，不得担任人民监督员。

**第 10 条**  司法行政机关应当发布人民监督员选任公告，接受公民自荐报名，商请有关单位和组织推荐人员报名参加人民监督员选任。

人民代表大会常务委员会组成人员，人民法院、人民检察院、公安机关、国家安全机关、司法行政机关的在职工作人员和人民陪审员不参加人民监督员选任。

**第 20 条**  人民监督员具有下列情形之一的，作出选任决定的司法行政机关应当免除其人民监督员资格：

（一）丧失中华人民共和国国籍的；

（二）违法犯罪的；

（三）丧失行为能力的；

（四）在选任中弄虚作假，提供不实材料的；

（五）年度考核不合格的；

（六）违反本办法第七条第二款规定的。

第三章

# 人民监督员的选任程序

　　人民监督员作为有权监督的形式，体现了司法的民主精神。人民监督员的选任程序解决的是在选任人民监督员过程中选任的主体、选任的方式、选任步骤等有关选任顺序问题。选任程序是人民监督员制度的核心问题之一，它直接影响人民监督员制度公正性以及运行过程中监督权来源正当性的问题。权利的来源决定权利行使的独立性与有效性，正当的权利来源是人民监督员代表性和民主性的保障，是人民监督员制度能否有效运行并实现监督检察权、实现司法民主制度价值的重要环节。选任程序首先应当解决人民监督员的选任应由哪一机关负责，即选任的主体；其次应解决选任的方式。恰当的选任方式能够促进人民监督员制度价值目标的实现，反之会阻碍人民监督员制度的发展。通过分析人民监督员制度的特点并结合在我国实践中人民监督员制度的运行效果，人民监督员的选任程序应当以司法行政机关为主体的选任制度，同时建立自荐为主、推荐为辅的机制。

　　在人民监督员制度的理论构建以及发展过程中，其早期的规范性文件对于人民监督员的选任程序规定的相对笼统，只有原则性规定而没有详细的操作方法。实践的早期，确定和推荐的程序，没有统一的做法，[1]以至于人民监督员的选任程序在实践运行中出现一些分歧。经过各地的不断探索，尽管我国各地区司法环境差异较大，对人民监督员的选任程序逐渐达成了共识，形成了司法行政部门启动选任程序，建立自荐为主、推荐为辅的选任机制。

## 一、人民监督员选任程序的基本情况

在人民监督员制度发展改革过程中，人民监督员的选任程序不断完善。就总体情况来看，人民监督员的选任程序在 2015 年前规定得较为原则，致使在实践操作中，各地方对人民监督员选任程序存在分歧，其做法出现了较大差异。按照主体划分，实践中选任程序主要分为两种，即以检察机关为主导的内选模式及以司法行政机关等为主导的外选模式。选任程序按照人员确定方式的不同，可分为推荐为主、自荐为辅以及自荐为主、推荐为辅两种模式；按照选任级别不同，又可分为本级选任和上提一级的选任模式。

### （一）选任主体情况

在有关选任主体的实践操作中，人民监督员的选任工作在早期基本上主要由检察机关自己主导，人民检察院设立人民监督员办公室作为办事机构。县级人民检察院不具备单独设立条件的，应当由专人负责人民监督员工作。实践中对人民监督员在选任程序中的考核确认也归人民监督员办公室。对"考察确认"有两种理解：一种是形式上的考察确认，即相关企事业单

---

[1] 姚强、梅屹松："人民监督员制度争议问题探讨"，载《法学》2006 年第 6 期。

位、基层组织推荐了自己的人民监督员后，检察机关以负面清单的形式对其进行程序上的考察，只要推荐的人民监督员不违反相关规定，一般均会给予确认；另一种理解是检察机关对各企事业单位、基层组织等推荐的人民监督员进行实质上的考核，对于符合人民监督员选任标准的予以确认，否则不予确认。后者对人民监督员的选任要求更严格，同时，也存在更强烈的主观性，虽然考核行为是职务行为，但具体实施考核的人员基于部门利益难免会有利益上的考量。然而实践中检察机关在人民监督员的选任工作中选择了第二种方式，即实质上的"考核确认"，[1] 使得人民监督员的选任工作变成一种检察机关的内部筛选机制。虽然人民监督员经由机关、团体、企事业单位、基层组织推荐或自荐，但最终均由检察机关考察、确认并决定是否聘任。人民监督员制度本身就是检察机关的一项针对自身的改革，外界对人民监督员外部性的缺失原本就颇有意见。人民监督员的外部性与独立性不足，加之这种由检察院内部设立部门对人民监督员考核确认、人民监督员确定后将由检察长颁发签署检察长名字的聘任书的模式更是加剧了人民群众对人民监督员选任工作独立性的质疑，受到社会公众的诟病，甚至被人称为"检察机关花钱请人监督自己"。[2]

─────────────

〔1〕 从各地检察机关公布的人民监督员选任情况来看，检察机关对人民监督员在推荐或自荐完成后有进行筛选的程序，如四川省广安市选任人民监督员人选65人，自荐人员占43.1%，最后确认的33名人民监督员中也有8名产生于自荐，这种"差额"式的做法恰恰表明选任人民监督员的决定权牢牢掌握在检察机关手中。

〔2〕 有观点认为现行人民监督员的选任是检察机关"花钱请人监督自己"已成为学术界的共识，如"人民监督员由检察机关选任和管理，选任的方式一般通过国家机关、企事业单位、人民团体和基层组织的民主推荐，征得本人同意，由检察长颁发证书。按照此种做法，'检察机关自己选人监督自己'是这项制度被广为质疑的重要原因。" 参见邢宝玉："人民监督员制度若干问题研究"，载《人民检察》2010年第4期。"从这一规定的实质看，选任的主体实际上就是检察机关。因为'从哪些单位产生人民监督员'，'从这些单

面对这种质疑，部分地区的检察机关又做出了一些探索，比较典型的做法是将人民监督员的选任工作交由当地人大常委会执行。例如，2007 年重庆市人大常委会制定了《重庆市人民代表大会常务委员会关于在检察机关推行人民监督员制度的决定》。以地方立法的形式规定"人民监督员经党政机关、人民团体、企业事业单位和基层自治组织民主推荐，本人自愿，市人民代表大会内务司法委员会、市人民代表大会常务委员会人事代表工作委员会和市人民检察院共同考察提出人选，经市人民代表大会常务委员会主任会议通过，由市人民代表大会常务委员会聘任，并向社会公布"。这种由人大常委会选任的程序尽管跳出了人民监督员选任程序内部化的弊端，但在理论界又引起了一些新的争议。

（二）选任模式情况

人民监督员由机关、团体、企业事业单位和基层组织经民主推荐、征得本人同意、考察后确认的模式被称为推荐模式。但个别地区也作了自荐方式的探索，但推荐产生的人民监督员

---

位推荐出人选后是否确认'都是由检察机关决定的。对此，有学者提出质疑，认为人民监督员制度存在由检察机关'自己选人来监督自己'之嫌，应当完善现行关于人民监督员选任的规定。"参见姚强、梅屹松："人民监督员制度争议问题探讨"，载《法学》2006 年第 6 期。"同时由于人民监督员制度是由检察机关主动推行的，检察机关决定人民监督员的聘任，因此，人民监督员的选任程序就有一个先天的缺陷，那就是在实践中造成了不少人对检察机关自己'花钱请人监督自己'的监督力度和监督效果提出了质疑。"参见刘周："人民监督员制度的法理基础及现实思考"，载《浙江工商大学学报》2005 年第 2 期。"但是这样的小修小补并无法掩盖当前选任机制在民意广泛性上的缺失，因为时下选任工作的最大的争议点，在于检察机关'自己选出人民监督员来监督自己'的模式是否合适。"参见陈卫东："人民监督员制度的困境与出路"，载《政法论坛》2012 年第 4 期。"人民监督员一般都是由检察机关自己聘请的，有作秀的感觉。"参见莫纪宏："人民监督员制度的正当性基础"，载《国家检察官学院学报》2009 年第 1 期。

的比例仍然较大。[1] 采用推荐为主的选任模式存在弊端。尽管理论上所有的企事业单位均可推荐人民监督员，但在实践操作中绝大部分进行推荐的都是所谓"国字号"机关、团体、企事业单位。作为人民监督员重要来源的"国字号"机关、团体、企事业单位的人员及其亲属却又是职务犯罪的高危领域：一方面，这一群体在人民监督员制度中具有与被监督案件中的犯罪嫌疑人相似的生活经历和常识，类似于人民陪审员参与普通刑事案件的审判，这类人民监督员能够通过自己在日常生活过程中形成的基本经验常识对案件作出判断，这种判断具有一定的正当性。另一方面，基于职务犯罪案件特有的一对一犯罪形式以及我国目前在侦办贪污贿赂等职务犯罪中口供多于实物证据的现状，"国字号"机关、团体、企事业单位的人员及其亲属与案件的相关问题有强烈的利益冲突，容易带有强烈的主观色彩。虽然其他基层组织尤其是非"国字号"企业等也可以进行推荐，但人民监督员制度与这部分组织的利益并无太大交义，绝大多数案件与普通大众不会出现直接或间接的私人利害关系，参与人民监督员的相关活动更多地体现为参与国家治理或参与国家司法活动，具有较典型的政治色彩。如果人民监督员中机关、团体、企事业单位成员的比例过高，就无法让更多的社会普通民众参与到人民监督员制度中，不能起到民众参与司法、监督检察权行使的作用，也无法化解人民大众对检察机关在办理案件中行使检察权公正性的质疑。

---

〔1〕 四川省广安市在人民监督员的选任程序探索中试图突破"推荐为主、自荐为辅"的模式，增加了公众自荐为人民监督员的方式，广安市选任人民监督员人选 65 人，自荐人员占 43.1%，最后确认的 33 名人民监督员中也有 8 名产生于自荐。虽然自荐人数与之前相比有了很大提高，但推荐产生的人民监督员仍占主流。重庆市 2009 年也做出了"自荐为主、推荐为辅"的积极探索。

推荐方式选出来的必定是精英群体，因为任何推荐选举的结果势必会选出少数人。推荐往往遵循某一特定的选拔标准，在人数众多的群体中推荐少数人的最公平也是最令人信服的做法便是提高标准，只有自身能力提升到一定程度方有资格被推荐，即选贤而非选出与他人没有实质区别的普通群众。这种看似公平、公正、公信的推荐选拔忽略了人民监督员提升人民大众参与司法的目的，反而延续了精英化的道路，普通大众的观点在实践中仍无法直接得到实际兑现。在推荐制度下，普通大众的意愿只能通过精英人士来传达。在这一过程中，基于社会阅历以及个人观点的不同，难以保证大众的朴素观点在形式和内容上不被"加工"，而人民监督员制度除了需要专业判断，还需要人民群众朴素的、"原汁原味"的思想、常识和态度，以实现民众参与司法，化解人民群众对人民监督员制度公正性的怀疑。于是，对人民监督员制度的选任模式进行了重新调整，采用了"司法行政机关应当发布人民监督员选任公告，接受公民自荐报名，商请有关单位和组织推荐人员报名参加人民监督员选任"的自荐为主、推荐为辅选任模式。

（三）选任级别情况

实践中，在选任级别方面的做法是由各级人民检察院自行选任，但有的地方较早地实行了上提一级的探索。例如，四川省广安市 2006 年实现了人民监督员由市人大常委会统一确认和管理；而岳池县的深化试点延续了由同级县人大常委会确认，由挂靠在县人大常委会内部的试点领导小组办公室管理。但自2010 年后，各地纷纷实施上调一级的选任办法。《深化人民监督员制度改革方案》对人民监督员的选任机关作出了创新性的变革，即由司法行政机关对人民监督员进行选任管理。这种做法在保证选任机关不被检察机关控制的同时，又不会耗费人力物力及编制去设立新的选任机构。这种做法既便于操作，又没有与现实脱轨。同时又明确规定接受公民通过自荐报名的方式参与到人民监督员的队伍中来。2016年《人民监督员选任管理办法》对选任机关的级别进行了规定，明确"人民监督员由省级和设区的市级司法行政机关负责选任管理"。然后，再由县级的司法行政机关按照上级司法行政机关的要求协助本行政区域内人民监督员选任、管理方面的具体工作。

## 二、人民监督员选任程序的理论争议

### （一）人民监督员的选任主体

对于人民监督员的选任程序，理论界能够达成普遍一致观点的是人民监督员的选任主体不应当是检察机关自己，但在具体应当由谁担任人民监督员选任主体的问题上未达成共识。主要存在以下三种观点：人大常委会担任选任主体、司法行政机关担任选任主体和设立人民监督员选任委员会。

1. 人大常委会模式[1]

支持人大常委会担任选任主体的理由主要有以下几点：

---

[1]　支持人大常委会担任人民监督员选任主体的学者观点如下："在地方立法中，从人民监督员与人大之间关系定位考虑，其组织形式可'挂靠'于检察机关所在地的同级人大，但二者不存在隶属关系。"参见周苏友、钟凯、李君临："关于完善我国人民监督员制度的若干思考——基于国家与地方立法的不同视角"，载《社会科学研究》2007年第6期。"对于人民监督员的选任办法，应改由对人民检察院行使监督权的各级人大常委会选任。"参见袁兆春、殷宪龙："人民监督员制度的定位困惑与完善构想"，载《甘肃社会科学》2010年第5期。"岳池的深化试点延续了由人大选任、管理人民监督员的方式，人民监督员由县人大常委会确认，由挂靠在县人大常委会内部的试点领导小组办公室管理。"参见徐昕："人民监督员制度的广安模式"，载《当代法学》2009年第6期。"我认为其条件和素质与人民陪审员相当就够了，甚至在法律上可以将'人民陪审员'和'人民

第一，由人大常委会选任人民监督员具有理论上的正当性。"人民监督员制度"这一概念出自人民检察院，最高人民检察院原检察长贾春旺 2003 年 8 月 29 日在人民监督员试点工作会议上说："对检察机关直接侦查的案件实行人民监督员制度，目的就是要在检察环节建立起有效的外部监督机制，从制度上保证各项检察权特别是职务犯罪侦查权的正确行使。"[1]这次会议开启了一种崭新的检察机关接受外部监督的制度——人民监督员制度。人民监督员制度由检察机关设立，人员由其选任并管理，又无法律上的直接规定，人民监督员行使监督检察机关的职权本质上是检察机关进行自我监督的一种延伸。某种意义上，与传统的自我监督相比，这种自我监督引入了外部机制，具有较大的进步意义。但与人民监督员制度倡导的在办理案件检察权行使的过程中提高大众参与度、强化人民群众对检察权的行使进行监督相比，这种制度上的探索无法实现制度初衷，甚至无法实现在办理案件中引入外部监督机制的基本要求，以致招来检察机关"花钱请人监督自己"的质疑。因此若想真正实现人

---

监督员'适用同一程序产生，'一身二任'。"参见周士敏："人民监督员制度的性质和功能"，载《国家检察官学院学报》2004 年第 4 期。"同级人大任命模式则能够更好地保障人民监督员独立于检察机关。"参见秦前红、宦吉娥："人民监督员制度发展完善的若干思考——以人民陪审员制度与人民监督员制度之比较为视角"，载《湖北民族学院学报（哲学社会科学版）》2009 年第 1 期。"由本级人大、政协机关联系人民监督员，而不再由检察机关管理人民监督员。"参见邢宝玉："人民监督员制度若干问题研究"，载《人民检察》2010 年第 4 期。"人民监督员应由被监督的检察机关的同级人大常委会通过自愿、公开、择优程序以资格确认的方式产生。"参见彭辅顺、陈忠："人民监督员制度之检讨与改进"，载《河北法学》2010 年第 2 期。"为了避免'自己选任监督者监督自己'的嫌疑，不妨由人大立法明确规定人民监督员由人大任命。"参见姚强、梅屹松："人民监督员制度争议问题探讨"，载《法学》2006 年第 6 期，等等。

　　〔1〕贾春旺："在人民监督员试点工作会议上的讲话"（2003 年 8 月 29 日）。转引自王治国："检察工作的'阳光工程'——检察机关实行人民监督员制度试点两周年回顾与展望（上）"，载《检察日报》2005 年 10 月 17 日，第 1 版。

民监督员制度的外部化、独立化，人民监督员的选任主体应当脱离检察机关，由人大常委会担任较为适宜。

我国《宪法》第3条第3款规定："国家行政机关、监察机关、审判机关、检察机关都由人民代表大会产生，对它负责，受它监督。"《宪法》第67条第6项规定，全国人民代表大会常务委员会行使"监督国务院、中央军事委员会、国家监察委员会、最高人民法院和最高人民检察院的工作"。各级人民代表大会行使与全国人民代表大会相对应的部分职权。人大常委会监督检察机关拥有正当的法理基础。全国人民代表大会是我国的最高权力机关，地方各级人民代表大会是地方各级最高权力机关，由地方人大常委会选任人民监督员在效力等级上可以实现人民监督员制度由部门规章到地方立法的转变。地方人大常委会作出选任人民监督员的决定具有与地方立法相同的法律效力，从制度上可以彻底摆脱检察机关对人民监督员制度的束缚，更好地保证人民监督员独立于检察机关，[1] 实现对检察机关在办理案件中行使检察权进行监督的外部化。

第二，由人大常委会选任人民监督员具有实践上的实操性。人民代表大会制度作为我国的根本政治制度有着完善的组织运行体系和相关制度保障，在选任人民监督员的过程中能够降低司法运作成本，避免制度重复建设。人大常委会在人民陪审员以及其他相关制度中也有丰富的实践经验，可以提高人民监督员的选任质量和效率。人大作为权力机关，本身肩负着监督包括检察机关在内的所有国家机关的职责，由人大常委会选任的

---

〔1〕 秦前红、宦吉娥："人民监督员制度发展完善的若干思考——以人民陪审员制度与人民监督员制度之比较为视角"，载《湖北民族学院学报（哲学社会科学版）》2009年第1期。

人民监督员在监督效果上更明显。由人大常委会选任的人民监督员具有正当的权力属性，甚至在效力等级上平行于检察机关，有利于实现平等参与、自由表达及人民监督员制度的司法民主价值。

但是，由人大常委会选任人民监督员也有其固有的缺陷，主要表现为以下几点：

第一，由各级人大常委会选任人民监督员在法律依据不足。人大常委会选任人员监督检察权的行使涉及国家基本司法制度，根据《中华人民共和国宪法》《中华人民共和国立法法》等宪法性文件，司法制度是全国人民代表大会立法的保留项，法律上并未赋予人民代表大会及其常务委员会相关权限，由作为立法者的人大组织人民监督员选任有严重违法之嫌。[1] 若以《中华人民共和国宪法》《中华人民共和国全国人民代表大会和地方各级人民代表大会代表法》等规定的人大对国家权力机关行使监督权作为人大常委会选任人民监督员的法理依据，难免陷入人民监督员制度由检察机关自我监督的延伸变为人大常委会监督检察机关的怪圈，与人民监督员制度设立的本意不符。

第二，由人大常委会选任人民监督员容易损害检察机关的司法独立性，与人民监督员设立的目的不符。虽然人大对检察机关拥有监督权，但这种监督更多的是以选举、审议工作汇报等形式进行的事后监督，不涉及具体个案的监督。[2] 若允许人大常委会选任人民监督员对检察机关进行监督，使得人大监督检察机关的方式由自己监督延伸为任命、委托他人监督，监督方式的外部化在一定程度上增强了监督的力度。人大选任的人

〔1〕 陈卫东："人民监督员制度的困境与出路"，载《政法论坛》2012 年第 4 期。

〔2〕 周苏友、钟凯、李君临："关于完善我国人民监督员制度的若干思考——基于国家与地方立法的不同视角"，载《社会科学研究》2007 年第 6 期。

民监督员具有权力上的正当性，其权力来源于人大对检察机关的监督权，这种权力已远超人民监督员制度设立之初"加大人民对检察机关行使检察权"的柔性监督。人大常委会选任的人民监督员同检察机关具有形式上的同等权力等级，导致人民监督员的监督带有人大监督的标签，在监督过程中所提的建议、意见等具有一定的刚性，人大对国家权力机关的监督具体到个案，检察机关的司法独立性容易受到影响。

第三，由人大常委会选任人民监督员会导致检察机关过度占用人民代表大会制度的政治资源。人民代表大会制度是我国的根本政治制度，人大常委会在立法、选举等职责之外还有广泛的监督职权，其负有对行政、审判、检察机关进行全面监督的职责。基于资源的有限性，由人大常委会选任人民监督员容易过度占用人民代表大会这一政治制度的政治资源，不利于人民代表大会制度价值的发挥。

针对由人大常委会选任人民监督员也存在一些质疑。有学者认为，在地方立法中，从人民监督员与人大之间的关系定位加以考虑，其组织形式可挂靠于检察机关所在地的同级人大，但二者不存在隶属关系。据此，人民监督员的选任、培训、日常组织运作均可交由人大常委会负责选举事务的专门部门来具体实施。就选任工作而言，其工作性质也并非法律意义上的任命，而是对人民监督员身份的一种确认，如果人民监督员违反相关规定或因特殊原因不适合继续从事监督工作，其身份由同一部门予以解除。[1]但人大是法定权力机关，其主要任务是行使立法、选举以及监督权等，上述理论模式更像是人大常委会

---

〔1〕　周苏友、钟凯、李君临："关于完善我国人民监督员制度的若干思考——基于国家与地方立法的不同视角"，载《社会科学研究》2007 年第 6 期。

在为人民监督员提供服务。人大常委会主要向同级人大负责，这种提供服务的方式不仅不能解决人大常委会选任人民监督员的弊端，而且也不是实现人民监督员制度价值的最佳方式。

2. 人民监督员遴选委员会模式

有学者指出，人民监督员的选任工作应当借鉴但有别于全国禁毒委员会的模式，具体做法是：选任委员会的成员中包括了本级检察机关的负责人，而其余成员则来自人大、政法委、政府等不同部门，实现一种形式上的外部选任机制。同时，该委员会并非只在举办会议时才召集全体成员，而是组成一个日常的工作机构履行人民监督员的选任以及日常保障等工作。[1] 虽然这种方案能够实现形式上的外部选任机制，但通过组成选任委员会的形式选任人民监督员不具有可行性，原因如下：

（1）人民监督员选任委员会无法保证选任工作的外部性、独立性。因为选任委员会的成员组成仍然以检察机关为主，其余成员也大都是政府部门或其他自侦案件被监督单位，成员履行职能时容易有利益倾向。

（2）选任委员会的形式无法保障人民监督员制度长期有效运行。选任委员会的成员来自各个部门，但各部门成员又有各自的内部工作，委员会无独立的人事、财政支持。

（3）选任委员会的形式于法无据。选任委员会成员在各自部门履行法定职责，但无法定的选任人民监督员的直接或间接职权，根据权力法定原则，改为选任委员会也于法无据。

3. 司法行政机关模式

根据《深化人民监督员制度改革方案》第二部分"重点任

---

[1] 陈卫东："人民监督员制度的困境与出路"，载《政法论坛》2012 年第 4 期。

务"之"（一）改革人民监督员选任机制"下第 1 条"人民监督员的选任机关"的规定，人民监督员由司法行政机关负责选任，省级和设区的市级司法行政机关分别选任同级人民检察院人民监督员。这种由最高人民检察院和司法部联合制定部门规章的形式改革人民监督员制度一定程度上突破了人民监督员选任模式的内部性。检察机关有义务接受监督，其将这种监督的具体程序工作交由司法行政部门行使，实现检察机关主动接受监督，使人民监督员的选任工作脱离检察机关从而实现选任工作的独立性，化解人民群众对检察机关"自己花钱请人监督自己"的质疑。然而司法行政部门在选任人民监督员时协调有关机关、团体、企事业单位和基层组织推荐并接受自荐，对推荐和自荐人选进行审查，提出拟任人民监督员人选并向社会公示。人民监督员选任程序由检察机关主导变为司法行政部门主导，与部门利益的牵连性进一步降低，选任程序实现了一定意义上的外部化，有利于选任工作独立性的实现。司法行政部门有完善的组织、人事、财政支持，且其本身具有配合司法机关履行职能的司法行政职能，而人民监督员的选任工作有程序性、辅助性的特点，更适合司法行政机关执行，在司法权行使过程中，富有司法权与行政权分离、行政权辅助司法权之行使的色彩。同时，相较于司法机关，行政机关与人民群众有着更多的接触，更了解人民群众的具体情况，有利于选出更具代表性的人民监督员，有利于人民监督员制度的有效运行。由司法行政部门选任人民监督员可以实现科学的职能划分，有效减轻检察机关的工作负担，避免人大过度干预检察机关的个案，使检察机关将有限的司法资源更多地运用到检察工作中去，实现检察工作的高效运行。但是，作为政府部门的各地司法厅、局不可避免地要接受人民检察院的法律监督，如果由他们选任人民监督员去监督检察机关，将会影响检察机关正常行使法律监督职能。[1]

## （二）人民监督员的选任模式

至于采用推荐为主还是自荐为主的模式，理论界主流观点认为应当采用"自荐为主、推荐为辅"的方式。支持推荐学者的理由集中在鉴于现阶段人民监督员制度尚未成熟，民众了解程度不一，所以采用推荐方式有其合理性。[2]在实践中，自荐产生的人民监督员比例太低，无法对选任的人员总体产生实质性影响，目前，自荐方式更接近于检察机关渲染人民监督员制度的"添头"。[3]实践操作中因各单位数量多、分布比较分散，对于民主推荐的程序规定不明确，容易出现单位、部门领导或其他个人操纵民主推荐程序，使之成为一项新的牟利工具的可能性。况且，机关、团体、企业事业单位和基层组织中绝大部分领导阶层属于人民检察院自侦案件潜在的相对人的范围，因而也容易成为人民监督员制度的监督对象，本单位推荐的主要决定者又多集中在领导干部，这就更强化了部分领导干部推荐的动力，人民监督员选任的人民代表性会大打折扣。

---

〔1〕 陈卫东："人民监督员制度的困境与出路"，载《政法论坛》2012年第4期。

〔2〕 秦前红、宦吉娥："人民监督员制度发展完善的若干思考——以人民陪审员制度与人民监督员制度之比较为视角"，载《湖北民族学院学报（哲学社会科学版）》2009年第1期。支持推荐为主的观点还有："符合担任人民监督员条件的公民，可以由其所在单位或者户籍所在地的基层组织向人民监督员办公室推荐；或者本人提出申请，由人民监督员办公室进行审查，提请同级人民代表大会常务委员会任命。"参见姚强、梅屹松："人民监督员制度争议问题探讨"，载《法学》2006年第6期。"根据对人民监督员的名额要求，由各机关、团体、企业事业单位，以及街道居委会、村委会等人民群众自治组织推举出人民监督员人选，再由人大或其常委会予以选举或确认。"参见刘周："人民监督员制度的法理基础及现实思考"，载《浙江工商大学学报》2005年第2期。

〔3〕 陈卫东："人民监督员制度的困境与出路"，载《政法论坛》2012年第4期。

有学者提出，应当加大人民监督员制度的宣传力度，在人民监督员制度实施成熟之后，应当采取自荐为主、推荐为辅的方式。采取自荐为主、推荐为辅的方式可以有效避免各企事业单位或基层组织的领导或个人为了个人利益进行暗箱操作的可能性，有利于提高人民监督员参与人民监督事务的积极性，提高人民群众积极参与司法事务的热情，提升检察机关行使检察权的公开性与民主性。

### （三）选任人民监督员的部门级别

对于选任部门级别问题，学术界主要存在两种观点：一是同级选任；二是上调一级选任。支持同级选任的主要理由在于各基层人民检察院对于本辖区人民群众的具体情况比较熟悉，且基层地区辖区范围较小，可以对参选的人民监督员进行深入了解，从而选出最具代表性的人民监督员，同时节省制度运行成本，有利于人民监督员制度的发展。但同级选任也存在着致命的弊端，那就是人为因素太强，可能出现选任机关操纵人民监督员选任工作的可能性。同时，由于基层地域范围相对较小，选任的人民监督员容易产生"熟人监督"[1]的情形，在中国的熟人文化氛围下难免会有人情和面子问题，这必然会影响到监督的实施，甚至会成为个别人牟利的工具。因此，上提一级[2]进行选任成为学术界的主流观点。

针对人民监督员的选任程序，还有学者主张学习西方国家选任陪审团的模式，在个案监督时直接从所在区域内符合条件

---

〔1〕　邢宝玉："人民监督员制度若干问题研究"，载《人民检察》2010年第4期。

〔2〕　高一飞："人民监督员制度改革研究"，载《南京师大学报（社会科学版）》2009年第4期。

的选民中随机抽选。[1]但是西方国家从选民中随机抽取陪审团组成人员的方式不符合中国国情，因为中国目前还不具备普遍选举的政治基础；民众政治参与热情有待提高，政治参与保障机制还不健全，随机抽取可能会出现大量被抽取者不愿意参加的情况，影响组织人民监督员的效率，这从各地选任人民监督员时报名者数量不够多就可以看出，而自荐方式就可以解决这个问题。[2]现阶段，应当通过制度发展实现一种有度、有序并逐渐扩张的可控型民主。[3]

## 三、我们的研究

尽管人民监督员制度得到了普遍的社会认同，呈现出蓬勃发展的势头，但在理论准备上还存在一些不足。例如，人民监督员作为检察机关主导下的外部监督是否能真正发挥作用；在查办案件这样一种需要专门法律知识和技能的活动中，人民监督员的"外行监督"是否能很好地发挥作用。在人民监督员制度上还存在一些需要进一步思考的问题，例如，在人民监督员制度设计上是否有其他更优的选择；其制度的投入和产出是否成比例；人民监督员制度与人民陪审员制度在司法原理上是否

---

〔1〕 持此观点的学者如下："人民监督员应从一定地域范围内的选民中随机产生。"参见高一飞："人民监督员制度的正当性探讨"，载《贵州民族学院学报（哲学社会科学版）》2005 年第 1 期。"为什么在其他国家，'随机抽选'被视作原则加以呵护，而在我国却总是得不到应有的重视。……反观我国，无论是人民陪审员还是人民监督员，'随机抽选'还仅仅停留在口头上。因此，人民监督员对于自侦案件的监督自程序启动之际，便被接受监督者所掌控了。"参见陈卫东："人民监督员制度的困境与出路"，载《政法论坛》2012 年第 4 期。

〔2〕 高一飞："人民监督员制度改革研究"，载《南京师大学报（社会科学版）》2009 年第 4 期。

〔3〕 徐昕："人民监督员制度的广安模式"，载《当代法学》2009 年第 6 期。

具有可类比性；人民监督员制度的引入是简单嵌入还是要涉及相关组织程序的复杂调整，等等。其中，最为关键的问题是，选任程序或者选任方式的正当性问题。确立司法行政机关作为选任主体，这不仅能够实现选任和管理权从检察机关剥离的目标，也有利于保障人民监督员监督的独立性和公正性。因此，司法行政机关选任和管理人民监督员以及建立司法行政机关选任管理人民监督员制度也就成为实践的一种必然抉择。

可以说，由司法行政机关主导的人民监督员选任模式具有实践上更强的可操作性。我们所指人民监督员的选任主体应当由司法行政机关行使与传统的人民检察院选任人民监督员有所不同，区别的关键在于履行职能权力的来源不同。由全国人大或全国人大常委会通过立法或决议的方式，使得这种权力有正当的法律授权。也可以明确司法行政机关履行选任人民监督员的职责是法律赋予司法行政机关的行政性、程序性职责，强调司法行政机关在履职时同检察机关的独立性，以此确保选任工作的外部性。

选任模式应当实行"自荐为主、推荐为辅"的模式，可以确保人民监督员选任工作的民主性，有利于人民监督员制度的有效运行。自荐为主可以有效降低有关机关、团体、企事业单位和基层组织及个别人员因部门或个人利益而影响、操纵人民监督员的选任甚至利用人民监督员选任工作牟取私利。同时，还可以扩大人民监督员选任范围，让更多的人参与到人民监督员的选任工作中去，提高人民大众参与国家事务的积极性，使得人民监督员选任工作更具开放性与民主性，有利于人民监督员制度民主价值的实现。具体的操作程序，应当从以下几点去考虑：

首先，应当以扩大自荐人员的数量为原则，加强人民监督员制度的宣传，提高人民群众投身到监督工作的积极性和工作热情，比如通过电视、网络公布选任公告和细则，以及在报刊、微信微博等媒体以及现代信息化技术平台上推送关于人民监督员的自荐方式和要求，拓宽公众知晓渠道。

其次，司法行政机关可以考虑建立一个专门的机构，主要负责人民监督员的任免、考核问题，委员会可以由司法行政机关的工作人员、监督员以及学者专家构成，集合多方面的知识和经验，在厘清选任程序和标准后，在选任监督员尤其是在以自荐方式加入的人民监督员方面严格把关。

再次，对于通过自荐方式产生的人民监督员，应当在总名额的范围内，运用公开公平竞争的方式，经过选任机关的多数表决，选任优秀的人员来担任。必要时可以采用面试的方法，通过对候选人的个人能力进行面对面的考察，从而选出真正适合监督工作的人选。

最后，在落选的自荐候选人方面，应当设置一个救济程序。没有在拟任职人选名单中的人民监督员，确实存在正当合理的理由，且认为评议表决的结果有失公正的，可以在结果收到之日起5日内，向负责选任的选任部门提出，由负责选任的部门及时予以答复。

有关选任机关的实践操作经历了由检察机关自己主导到司法行政机关对人民监督员进行选任管理的转变过程。当前采用司法行政机关负责人民监督员选任管理工作，并且这种选任模式已经在实践中产生良好效果，对于实现检察制度的自我革新，增强选任的独立性和民主性等方面具有现实意义。在省、市两级选任人民监督员可提高人民监督员选任过程的独立性与民主性。我国社会尽管在城乡一体化建设中出现了新的特点，但熟人文化氛围下依然会基于人情等因素影响到监督的有效实施。因而，在市一级由市级司法局对人民监督员的选任工作进行统管，省级人民监督员的选任由省司法厅进行选任，具体可在本辖区全部市级人民监督员队伍中随机抽选或推选。这种方式可更好地降低地方检察机关及其他部门干预人民监督员选任工作的可能性，增强人民监督员选任的独立性与民主性。

 **相关依据**

《深化人民监督员制度改革方案》

**二、重点任务**

（一）改革人民监督员选任机制

……

4. 人民监督员的选任程序。省级和设区的市级司法行政机关与同级人民检察院协商，根据本辖区案件数量、人口、地域、民族等因素合理确定人民监督员的名额及分布。省级和设区的市级司法行政机关协调有关机关、团体、企事业单位和基层组织推荐人民监督员人选，并接受公民自荐报名，对推荐和自荐人选进行审查，提出拟任人民监督员人选并向社会公示。拟任人选中，机关、团体、事业单位工作人员一般不超过选任总数的50%。对拟任人选经公示无异议或者经审查异议不成立的，作出选任决定、颁发证书并向社会公布。

《人民监督员选任管理办法》

**第3条**　人民监督员的选任和培训、考核等管理工作由司法行政机关负责，人民检察院予以配合协助。

司法行政机关、人民检察院应当建立工作协调机制，为人民监督员履职提供相应服务，确保人民监督员选任、管理和使用相衔接，保障人民监督员依法充分履行职责。

第4条　人民监督员由省级和设区的市级司法行政机关负责选任管理。县级司法行政机关按照上级司法行政机关的要求，协助做好本行政区域内人民监督员选任和管理具体工作。

司法行政机关应当健全工作机构，选配工作人员，完善制度机制，保障人民监督员选任和管理工作顺利开展。

第5条　人民监督员分为省级人民检察院人民监督员和设区的市级人民检察院人民监督员。

省级人民检察院人民监督员监督省级和设区的市级人民检察院办理直接受理立案侦查的案件。其中，直辖市人民检察院人民监督员监督直辖市各级人民检察院办理直接受理立案侦查的案件。设区的市级人民检察院人民监督员监督县级人民检察院办理直接受理立案侦查的案件。

第10条　司法行政机关应当发布人民监督员选任公告，接受公民自荐报名，商请有关单位和组织推荐人员报名参加人民监督员选任。

人民代表大会常务委员会组成人员，人民法院、人民检察院、公安机关、国家安全机关、司法行政机关的在职工作人员和人民陪审员不参加人民监督员选任。

第四章

# 人民监督员的管理模式、内容和程序

党的十八届三中、四中全会对人民监督员制度改革与发展作出重要部署。随着人民监督员制度工作的推进，人民监督员的管理模式成了人民监督员制度的核心问题之一。于是，最高人民检察院和司法部联合出台了《关于人民监督员选任管理方式改革试点工作的意见》，实行司法行政机关负责选任以及管理监督员的工作，并可以会同同级人民检察院对人民监督员进行专项业务培训。由于人民监督员参与监督的具体方式涵盖了刑事、民事、行政、公益诉讼等各类案件，这为人民监督员管理工作提出了新挑战，不仅需要制定完善人民监督员监督工作程序与相关业务部门办案程序的衔接机制，还需要完善与司法行政机关外部协作机制，通过不断推进人民监督员管理的现代化和信息化，创新人民监督员的管理模式。

## 一、人民监督员制度的管理模式

从人民监督员制度的发展历程看，我国一直努力尝试探索出一个真正适应人民监督员制度特点并有利于其发展的管理模式。纵观其历史发展，存在以下几种模式：

第一，同级人民检察院管理模式。在人民监督员试点初期，大多数的人民检察院采用这种模式。在这种模式下，人民检察院既充当选任机关，又进行管理工作，"自己监督自己"的色彩浓厚，以至于制度试点效果欠佳，人民检察院遂放弃这种模式。

第二，同级人大常委会管理模式。随着人民监督员工作的开展，检察机关以回应理论界和实务界对其"自己监督自己"的质疑为出发点，不断提高人民监督员制度的公信力和公正性。如四川、浙江等地区的一些检察机关开展了以本级人大为主导的外部化选任管理模式。具体做法是，由同级人大常委会负责人民监督员的选任管理，通过人民代表大会表决决定人民监督员的名单。有观点认为，对人民监督员的管理工作可在人大设立专门的管理部门或由人大常委会法工委负责。而检察机关内部的人民监督员办公室可作为一个具体的协调服务机构，指导人民监督员的工作，传递监督意见，对人民监督员履职向人大提出建议等。同时各地选任完毕后应报上级人大备案，并形成人民监督员信息库。人民监督员制度作为一项社会监督，在性质方面与人大对检察机关的监督有本质区别，这种同级人大常委会的选任管理方式难免会使得人民监督员与人大代表相混淆。

第三，上级人民检察院管理模式。最高人民检察院在全国检察机关推行人民监督员制度时，提出了上级人民检察院选任管理模式。虽然这种选任管理模式在一定程度上切断了人民监督员与被监督检察院之间的联系，未能真正解答人民群众的质疑和困惑。

第四，司法行政机关管理模式。在推进人民监督制度进一步深化改革中，建立了司法行政机关负责管理人民监督员模式。司法行政机关在选任人民监督员后，同时负责人民监督员的培训、考核、奖惩等一系列工作。这种模式在很大程度上解决了检察机关直接选任人民监督员的沉疴痼疾，但如何构建合理的选任机制与管理模式又成为亟待探索的问题。

人民监督员制度改革，赋予了公民广泛的监督权利，以实现公民对国家事务管理权的具体化。在保持现有的管理模式下，司法行政机关应积极探索人民监督员管理机制的创新，利用现代信息化技术加强人民监督员的管理，助推国家治理方式的优化升级，从而实现法治国家的建设目标。

## 二、人民监督员制度的管理内容

对人民监督员的管理是一项长期而烦琐的工作，其管理涉及培训、考核、奖惩以及管理与使用相衔接等诸多方面。人民监督员管理内容主要包括：①建立人民监督员初任培训和专项业务培训；②建立人民监督员信息库，进行信息共享；③建立人民监督员考核制度，及时掌握履职情况；④规定人民监督员保密义务以及违反保密规定的处罚制度。

（一）在培训方面

司法行政机关应当会同人民检察院制定培训规划和年度计划，有针对性地编写教材、组建师资库，确定合适的培训机构，做好培训日常管理工作。培训分为初任培训和专项业务培训。考虑到人民监督员都有各自的本职工作，组织的培训应当尽量提前通知，方便监督员合理安排时间，确保能够按时参加培训。初任培训由司法行政机关负责组织进行，内容应当主要包括人民监督员的职责、监督实务以及管理要求等；专项业务培训应当由司法行政机关根据人民检察院的建议组织进行，应当侧重于检察机关办案实务、检察业务知识、监督案例等内容。现实生活中具体的培训活动主要为：向人民监督员具体讲解检察机关各业务部门的工作流程，介绍犯罪嫌疑人的权利、义务、羁押期限等，详细讲解检察机关在办案过程中应当遵守的各项规定等，不断提高人民监督员素质，增强履职意识和知情能力。培训结束后，应当开展总结评估工作，以判断是否取得预期的培训效果。将培训的记录和数据统一收集、整理、存档、录入人民监督员管理系统，作为人民监督员年终考核评优的一项主要内容。人民监督员应当充分认识培训工作的重要性，积极参加各项培训活动。不能按时参加培训的，年终考核不予评优。

（二）在考核方面

司法行政机关应当建立人民监督员日常考核制度，向人民检察院了解人民监督员履职情况，及时掌握人民监督员履职职责的数量、能力等基本情况。人民检察院应及时向同级司法行政机关通报有关情况。在人民监督员制度的运行过程中，需要一套完整的配套制度予以支持，以保证人民监督员能够顺利履行职责。同时，人民监督员应当向司法行政机关做出年度述职。在考核机制方面，应当建立专门的考核委员会作为考核主体，吸收不同领域的代表参加，体现人民监督员的特殊性，建立不同于司法行政管理的法律服务队伍的独特管理模式。在考核程序方面，要建立人民监督员履职台账，记录其参加培训学习、监督评议、受理群众反映意见等情况，召开会议进行年度评议考核和任期考核。在考核结果上，设置称职、基本称职、不称职三个档次，将考核结果作为奖励表彰与惩戒的基本依据。

理论界对考核机制方面主要存在以下几种观点：①由同级人大常委会或内务司法委员会负责考核；②由政协机关负责考核；③由司法行政机关负责考核；④同级人大常委、政协机关、司法行政机关为主，上一级人民检察院参与管理考核；
⑤由上一级人民检察院负责考核。[1]有学者对于将对人民监督
员实施考核的权力交由司法行政机关行使还存在不同意见并认
为，人民监督员行使的是监督权，其监督的对象是检察机关，
而检察机关作为国家法律监督机关，反过来又对司法行政机关
行使法律监督权。如果由司法行政机关监督管理人民监督员，
则会出现"被监督者管理监督者的监督者"的悖论。还有学者
主张，由同级人大常委会或内务司法委员会对人民监督员制度
执行情况进行定期考核较为适宜。可建立考评机制，设置案件
监督程序、监督评议独立性、文书规范性项目考评，对人民监
督员监督案件进行定期评估、分析，以保证考核的公平性，推
动人民监督员工作规范、持续、健康开展。[2]然而，在"谁来
监督监督者"这一问题上仍然不可避免地会出现无限循环的怪
圈，司法行政机关作为人民监督员的选任机关，具有获得人民
监督员相关数据信息与基本资料的便利性，将人民监督员的考
核、专业培训等事项统一交给选任机关进行管理是出于资源节
约的考虑，也是出于高效管理的考量。以呼和浩特市人民监督
员奖励、惩戒制度为例，根据当地关于适用人民监督员的实践
经验，为了促进人民监督员有效监督，有关机关明确提出，建
立有效的奖惩激励机制：一是对长期不参加监督活动、不提建
议意见、不为检察机关办实事的人民监督员劝其辞职，逐步建
立人民监督员资格自行终止制度；二是要把竞争机制引进人民
监督员换届选举，把好人民监督员选任关，做到优胜劣汰，好
中选优；三是建立人民监督员述职制度。年终让每位人民监督

---

〔1〕　张朝霞："日本刑事司法制度改革研究"，载《人民检察》2005年第11期。

〔2〕　费悦："我国人民监督员制度完善研究"，山东师范大学2014年硕士学位论文。

员述职，对工作主动、表现突出的人民监督员给予适当奖励，让人民监督员自我总结、相互学习，调动人民监督员知情和履职的积极性和自觉性，使人民监督员履行职责时有压力、有动力、有活力，改变人民监督员干不干事一个样的状况。[1]

## （三）在奖惩方面

人民监督员奖励、惩戒与退出机制有利于促进人民监督员认真履行职责，自觉接受司法行政机关的管理。人民监督员的奖励分为荣誉表彰和物质奖励。人民监督员在履职和年度考核中表现突出的，可授予优秀人民监督员称号，获得荣誉称号的人民监督员可以给予适当的物质奖励；对于人民监督员有不认真履行职责、违反保密规定、妨碍案件公正处理等情形的，司法行政机关应当对其进行劝诫，人民检察院可以向司法行政机关提出处理建议；人民监督员有不适合继续任职情形的，由作出选任决定的司法行政机关免职，书面通知同级人民检察院和被免职者本人及其所在单位、居住地基层组织，并向社会公布。

## （四）在经费保障方面

调动人民监督员参与监督的积极性，就需要为人民监督员履职提供充分的经费保障，特别是充足的工资及补贴保障。不能让人民监督员因监督案件使本职工作的工资福利遭受损害，还应当对其参与监督的交通、餐饮、住宿等给予额外的经济补贴。虽然改革要求了人民监督员的相关工作经费要纳入司法行政业务经费预算，但需要真正落实，检察机关对此应当督促相

---

[1] 王东升、于欣鑫："实践与探索：关于呼和浩特市地区人民监督员工作的调查报告"，载 http://mp.weixin.qq.com/s/Ueftv3qbG2t8iFCnbgdmug，最后访问日期：2018年11月25日。

关部门履行职能。

（五）在管理与使用衔接方面

司法行政机关通过建立人民监督员信息库，与人民检察院实现信息共享，对于人民检察院办理的案件需要人民监督员进行监督的，由省级和设区的市级人民检察院会同司法行政机关在人民监督员信息库中以随机抽选方式产生参加人员名单。人民监督员名单确定后，由司法行政机关告知该人民监督员并提供相关便利；县级人民检察院纳入监督范围的案件由设区的市级人民检察院统一组织抽选人民监督员进行案件监督工作。至于什么方式是随机抽选，并没有统一的标准，公平、公正、公开是基本原则，通过不确定性来避免人为操作、暗箱操作，实现检察机关与人民监督员确定工作之间的隔离。

## 三、人民监督员管理信息化建设

人民监督员管理信息化建设是中央深化人民监督员制度改革的决策部署，也是推动人民监督员工作规范化、便捷化的有效途径。信息化管理是将现代信息技术与先进的管理理念相结合，转变传统的工作办法、业务流程、管理模式和组织形式，重新组合人民监督员队伍管理的内外部资源，提高人民监督员工作效率，实现人民监督员工作和队伍管理现代化的过程。人民监督员管理信息化建设的重点工作内容为人民监督员管理信息系统建设和中国法律服务网的人民监督员案例建设。

（一）人民监督员管理信息系统建设

人民监督员管理信息系统是司法行政信息化建设的重要一环。就人民监督员工作本身来讲，《深化人民监督员制度改革方案》要求司法行政机关建立人民监督员信息库，并与人民检察院信息共享。建设全国人民监督员管理信息系统，是贯彻中央有关决策部署的重要举措，是推动人民监督员工作发展的迫切需要，有利于统一工作流程，促进人民监督员工作规范化发展；有利于实现人民监督员履职抽选的随机性，提高制度公信力；有利于加强对数据信息的及时掌握和分析，为工作决策提供参考；有利于密切检察机关和司法行政机关的工作衔接，提高工作效率；有利于畅通社会公众参与渠道，提升人民监督员制度社会影响力，对于深化人民监督员制度改革等均具有重要意义。

2017 年最高人民检察院办公厅、司法部办公厅联合印发的《关于全国人民监督员管理信息系统部署运行的通知》指出，人民监督员管理信息系统的建设，是贯彻党中央关于深化人民监督员制度改革决策部署，推进人民监督员工作信息化建设的重要工作。要通过系统的部署运行，建立全国人民监督员信息库，实现人民监督员选任管理、选用衔接工作在线处理，促进司法行政机关和检察机关信息共享和协同联动，推动人民监督员工作规范化、便捷化。该系统采用中央和省两级部署模式。中央级平台部署在司法部，面向司法部法制司、最高检办公厅等用户提供全国数据总览查询、统计分析等功能。省级平台部署于各省（区、市）司法厅（局），根据权限设置，面向省、市两级司法行政机关用户、检察机关用户提供选任管理、履职抽选及情况反馈、数据统计分析等功能；面向人民监督员用户提供履职通知、个人信息管理等功能；面向社会公众用户提供选任报名等功能。同时，部署了该系统运行工作，要求该系统 2017年 9 月开始在山西、吉林等 11 个省（区、市）开展试运行。10月 21 日起，这些地区检察机关邀请人民监督员参加案件监督、履职情况反馈，司法行政机关选任管理、履职抽选等工作，应全部通过系统完成。12月，在试运行基础上，进一步完善系统功能后在全国上线运行。12月底前，完成全国省市两级人民监督员基础信息录入工作，建立全国人民监督员信息库。2018年1月1日起，全国的人民监督员选任管理和选用衔接工作全部在线操作。其系统主要包括人民监督员选任管理、基本信息管理、培训考核管理、案件管理、活动管理、知识库管理、公共服务信息管理模块。该系统面对不同的用户群体，提供不同的功能来实现人民监督员各项业务全流程在线化。具体来说，面向司法部、最高人民检察院等提供全国数据总览查询、统计分析等功能；面向省、市两级司法行政机关用户、检察机关用户提供选任管理、履职抽选及情况反馈、数据统计分析等功能；面向人民监督员用户提供履职通知、个人信息管理等功能；面向社会公众用户提供选任报名等功能。截至2018年1月，全国各省（区、市）均完成了系统安装或数据对接，人民监督员管理信息系统全面上线运行。其中，北京、上海、福建、山东、陕西5省市使用自己先前开发的系统，实现与全国系统的数据对接。据统计，系统共录入人民监督员基础信息21 101条，全国人民监督员信息库正式建立；通过系统随机抽选人民监督员履职案件数1090件，人民监督员履职抽选的公正性、便捷性大大提高；检察机关通过系统向司法行政机关反馈人民监督员监督案件情况436件，选用衔接更加顺畅；通过系统向人民监督员发送通知等信息38 488条，与人民监督员的联系更加紧密及时。

最高人民检察院12309检察服务中心互联网平台专门开设了人民监督员监督诉求提交模块，实现与控告申诉案件办理流程的在线对接。此外，为了加强指导交流工作的及时性，司法部法制司专门建立了人民监督员工作微信群，对省级人民监督员选任管理工作机构全覆盖，实现分类和实时指导，确保改革推进"一盘棋"。截至 2018 年 4 月，各地已建立省级人民监督员微信交流群 36 个、市级 303 个；省级人民监督员工作微信指导群 32 个、市级 155 个，微信群已经成为推进工作的重要手段，积极开发移动 APP，实现"掌上办公"，促进现代信息化的高水平建设。

（二）人民监督员案例建设

人民监督员案例建设作为人民监督员管理信息化建设的重要组成部分，具有如下三方面意义：一是统一执法标准。将人民监督员典型案例公布，对各个司法行政机关落实人民监督员的选任管理、监督履职工作具有借鉴意义，在一定程度上可以统一法律、法规的适用。二是规范执法行为。典型案例公开，可以提升人民群众对人民监督员工作的信任感。"阳光是最好的防腐剂"，案例库建设是司法行政机关自觉接受人民监督的重要举措。三是积累经验智慧。人民监督员案例库建设是司法行政机关和人民监督员具体工作的智慧结晶，包含了司法行政机关创造性地适用法律、解决疑难案件的经验总结，将为深化人民监督员制度改革提供研究素材和工作指引。

人民监督员案例公布于中国法律服务网的案例库板块内。案例库中的人民监督员案例由各市司法行政机关向省司法厅报送，经省司法厅、司法部逐级筛选而得。入选的人民监督员案例具有一系列特性：首先，案例具有指导性，对开展类似的选任管理或监督履职工作具有指导和借鉴意义；其次，案例具有代表性，能够充分反映人民监督员工作的具体特点和工作方式、方法；再次，案例具有时代性，契合人民监督员制度的发展走向；最后，案例具有可公开性，凡涉及国家秘密、个人隐私、商业秘密，可能违反未成年人保护相关法规，以及其他不宜在互联网公开的案例，均须严格做好技术处理、脱密、脱敏工作，否则不得选编。截至目前，案例库已经上线人民监督员工作案例126篇，涵盖人民监督员选任、管理、监督履职等各方面工作。每个案例中，大多包含案情简介、处理过程、处理结果、案例点评等部分。这些高质量的人民监督员案例，不仅为人民监督员履职提供了指导，也为司法行政机关和检察院的工作提供了指引。此外，人民监督员制度由《人民检察院组织法》确立，但仅是以一个条文作了原则性规定。我国司法行政机关开展的人民监督员案例工作，也为人民监督员制度日后的单独立法提供了宝贵的参考资料。

### 四、我们的研究

新时代，司法行政机关对人民监督员的管理赋予了新内容，不仅需要总结原检察机关管理人民监督员方面的经验，而且也要不断适应法治建设的新要求，同时积极探索新时代人民监督员管理的新模式，推进管理体系和管理能力的现代化。

总体而言，要规范人民监督员管理的工作程序，不断创新选任考核、履职保障、培训教育等机制，确保人民监督员作用的发挥；要完善监督程序，明确监督案件范围，细化监督流程，协调检察机关完善案件材料提供和案情介绍程序，确保人民监督员参与权、知情权和建议权的行使；要规范管理程序，对违反保密规定、妨碍案件公正处理等不适合继续任职的人民监督员，免除其人民监督员资格，确保人民监督员队伍健康发展。具体设计如下：

第一，健全完善组织领导机制。组建机构、配强队伍是完善人民监督员管理工作的前提。司法行政机关应当采取多种途径解决好管理机构和人员问题，保障有序开展人民监督员任职管理工作。

第二，健全完善协调配合机制。人民监督员制度总体框架应涉及四类组织体系，分别是司法行政机关选任管理体系，检察机关配合人民监督员行使监督权的业务服务体系，人民监督员所在单位、团体同意人民监督员正常开展监督工作的支持配合体系及政府及司法相关部门为人民监督员制度实施提供的运转保障体系。健全完善四类组织的协调配合体系，促进协调互动机制，保证人民监督员制度优势发挥。

第三，健全完善考核机制。司法行政机关应当建立人民监督员履职台账，对人民监督员进行年度考核和任期考核。考核结果作为对人民监督员表彰奖励、免除资格或者续任的重要依据。人民检察院应当定期将人民监督员参加监督评议情况和其他履职情况通报司法行政机关。为探索一套较为完善的考核评估办法，部分省市的司法行政机关积极设定考核方案，并取得较好的效果。例如，上海市司法局根据《上海市深化人民监督员制度改革实施方案》《上海市人民监督员管理实施办法》开展了上海市人民检察院人民监督员 2017—2018 年度考核工作。确定安培等 22 名人民监督员 2017—2018 年度考核等次为优秀，安宁等 128 名人民监督员 2017—2018 年度考核等次为合格。上海市司法局将考核结果向所有人民监督员本人及其所在单位做了通报，并对 22 名年度考核优秀的人民监督员予以通报表扬。考核以履职台账为主要依据，自评报告作为重要参考。其考核内容主要包括履职情况、学习培训情况、纪律作风情况和其他与人民监督员履行职责有关的情况；其考核步骤主要分为完善信息系统考核模块、发布考核工作通知、人民监督员提交自评报告、制作履职台账、开展信息核查、综合评定六个部分。

第四，健全长效的管理机制。人民监督员选任管理涉及工作内容多、管理环节多、协调各方多，如果不建立一套行之有效的管理制度，形成相对完善的管理机制，就会出现工作漏洞，影响监督作用的发挥，进而会在一定程度上影响到司法公正。因此，应当建立健全人民监督员选任制度、培训制度、考核制度、奖励制度、惩戒退出制度、监督职责管理制度、监督程序运行制度、联席会议制度、通报反馈制度、信息平台管理制度、工作保障制度等制度，全方位覆盖选任管理工作各环节，力争将人民监督员选任管理工作纳入规范化、专业化轨道。

第五，健全完善培训指导机制。人民监督员工作具有相对较强的专业性，在选任条件上对人民监督员的基本素质和能力要求有具体规定可帮助人民监督员提高履职能力。

第六，健全完善工作保障机制。司法行政机关在管理过程中应积极协调有关部门，着力解决人、财、物等方面的基础保障问题，应当对培训学习费、人民监督员履职经费补贴、信息库建设和维护经费等支出项目予以重点保障，推进人民监督员选任管理工作的顺利开展。

### 相关依据

《深化人民监督员制度改革方案》

二、重点任务

......

（二）改革人民监督员管理方式

1. 司法行政机关负责对人民监督员进行初任培训，同级人民检察院予以协助。司法行政机关可以会同同级人民检察院对人民监督员进行专项业务培训。

2. 司法行政机关建立人民监督员信息库，并与人民检察院信息共享。

3. 司法行政机关建立人民监督员考核制度，及时掌握人民监督员的履职情况。人民检察院应向同级司法行政机关通报人民监督员履职情况。对不认真履职的人民监督员，司法行政机关应当进行劝诫。

4. 人民监督员履行监督职责期间，应当作出保密承诺，遵守国家法律、法规和有关纪律规定，不得泄露案件涉及的国家秘密、商业秘密、个人隐私和未成年人犯罪的信息。

5. 人民监督员有违反保密规定、妨碍案件公正处理等不适合继续任职情形的，人民检察院可以向司法行政机关提出处理建议，由司法行政机关决定免除其人民监督员资格，并书面通知同级人民检察院和被免职者本人、推荐单位或组织，向社会公布。

**《人民监督员选任管理办法》**

第 4 条　人民监督员由省级和设区的市级司法行政机关负责选任管理。县级司法行政机关按照上级司法行政机关的要求，协助做好本行政区域内人民监督员选任和管理具体工作。

司法行政机关应当健全工作机构，选配工作人员，完善制度机制，保障人民监督员选任和管理工作顺利开展。

第 13 条　司法行政机关应当建立人民监督员信息库，与人民检察院实现信息共享。

司法行政机关、人民检察院应当公开人民监督员的姓名和联系方式，畅通群众向人民监督员反映情况的渠道。

第 17 条　司法行政机关会同人民检察院组织开展人民监督员初任培训和专项业务培训。

人民监督员应当按照要求参加培训。

第 18 条　司法行政机关应当建立人民监督员履职台账，对人民监督员进行年度考核和任期考核。考核结果作为对人民监督员表彰奖励、免除资格或者续任的重要依据。

人民检察院应当定期将人民监督员参加监督评议情况和其他履职情况通报司法行政机关。

第 19 条　对于在履职中有显著成绩的人民监督员，司法行政机关应当给予表扬。

第 20 条　人民监督员具有下列情形之一的，作出选任决定的司法行政机关应当免除其人民监督员资格：

（一）丧失中华人民共和国国籍的；

（二）违法犯罪的；

（三）丧失行为能力的；

（四）在选任中弄虚作假，提供不实材料的；

（五）年度考核不合格的；

（六）违反本办法第七条第二款规定的。

第 21 条　人民监督员因工作变动不能担任人民监督员，或者因身体健康原因不能正常履职，或者出现其他影响履职的重大事项的，应当及时向作出选任决定的司法行政机关辞去担任的人民监督员。

第 22 条　司法行政机关应当及时将考核结果、免除资格决定书面通知人民监督员本人及其工作单位、推荐单位，并通报人民检察院。

第 23 条　司法行政机关应当将人民监督员选任管理及履职

相关工作经费申报纳入同级财政经费预算，严格经费管理。

人民监督员因参加监督评议工作而支出的交通、就餐等费用，由司法行政机关按相关规定予以补助。

### 《人民检察院办案活动接受人民监督员监督的规定》

**第 22 条** 人民检察院人民监督员工作机构根据本规定第八条规定拟安排人民监督员开展监督活动，应当组织、协调相关部门或者检察官办案组、独任检察官在工作中予以配合。相关部门或者检察官办案组、独任检察官也可以视具体工作，主动邀请人民监督员依照本规定进行监督，并提前告知人民监督员工作机构做好联络安排工作。

人民监督员工作机构应当通知相关部门或者检察官办案组、独任检察官提供与监督有关的材料并及时送交人民监督员。

**第 23 条** 人民检察院应当提前将邀请参加监督活动的人民监督员人数、监督时间、地点以及其他有关事项通知同级司法行政机关，由司法行政机关依照相关规定，从人民监督员信息库中随机抽选和联络确定参加监督工作的人民监督员。

**第 24 条** 人民检察院应当严格依照本规定接受人民监督员的监督，不得限制、规避人民监督员对办案活动的监督，不得干扰人民监督员依法独立发表监督意见，不得违反规定泄露人民监督员监督办案活动情况。

**第 25 条** 人民检察院应当为人民监督员提供履行监督职责所必需的工作场所以及其他必要条件。

**第 26 条** 人民检察院应当加强人民监督员监督工作信息化建设，为人民监督员实时了解相关司法办案信息提供技术支持。

**第 27 条** 人民监督员监督检察办案活动的经费，除依照相关规定由司法行政机关予以补助外，列入人民检察院检察业务经费保障范围。

**第28条**　人民检察院应当定期将人民监督员监督检察办案活动情况通报司法行政机关。

第五章 CHAPTER 5

# 人民监督员选任管理中
# 司法行政机关与检察机关的关系

　　人民监督员选任管理中的司法行政机关与检察机关的关系以及职责划分，关系到人民监督员法律地位的独立性以及监督功效能否充分发挥的问题。司法行政机关与检察机关的关系主要体现在以下方面：健全完善组织领导机制、检查评估机制、管理机制、培训指导机制以及工作保障机制。人民监督员制度的有效运行离不开司法行政机关与检察机关的相互配合，只有二者认真履行各自职责、密切沟通协调，才能确保人民监督员监督评议工作的高质量，才能最终实现人民监督员外部监督的制度本质与建构此制度的初衷。

　　关于人民监督员选任管理，从宏观上要求检察机关和司法行政机关加强"组织领导"和"协调配合"，并在范围内各司其职，密切沟通协调，互相支持配合，形成工作合力。司法行政机关要建立健全人民监督员选任管理各项制度，检察机关要健全完善人民监督员职责权限、工作程序和履职保障等制度，使人民监督员选任管理与使用紧密衔接，切实发挥人民监督员的作用。人民监督员的选任和培训、考核等管理工作由司法行政机关负责，人民检察院予以配合协助。司法行政机关、人民检察院应当建立工作协调机制，为人民监督员履职提供相应服务，确保人民监督员选任、管理和使用相衔接，保障人民监督员依法充分履行职责。

## 一、人民监督员选任管理中司法行政机关与检察机关的关系

加强司法行政机关与检察机关的协调配合，是实现人民监督员制度改革的关键。制度建设需要总结以往的经验，并将成熟的经验上升为制度，积极探索联席会议制度、信息通报反馈制度、联合调查研究、联合督促检查等制度，形成高效协作、良性互动的工作机制。

（一）人民监督员选任管理中司法行政机关与检察机关的关系

在人民监督员制度设立之初，人民监督员监督工作主要是由人民检察院负责，包括协调选任、解除工作；负责落实监督活动；反馈监督处理结果；协调解决监督困难和为人民监督员履行职责提供保障等，这种做法曾引发学界关于检察机关作为"被监督者"拥有挑选、管理"监督者"权力而影响监督力度的担忧，甚至对人民监督员能否处于客观超然、独立监督地位的质疑。《深化人民监督员制度改革方案》在人民监督员制度中引入司法行政机关负责选任管理，但可操作性不强，诸如"参与具体案件监督的人民监督员，由组织案件监督的人民检察院会同司法行政机关从人民监督员信息库中随机抽选产生"这种原则性规定下，司法行政机关与检察机关的职责如何划分，如何最大限度地保证人民监督员彻底摆脱检察机关的掌控，从而充分发挥其监督权又成为亟须解决的问题。《深化人民监督员制度改革方案》要求司法行政机关与检察机关在选任

管理工作中要认真履行各自职责，密切沟通协调，互相支持配合，形成工作合力，其关系体现在三个方面：一是完善制度中的衔接关系；二是机制运行中的协调关系；三是人民监督员监督中的保障关系。这些关系最终体现在人民监督员管理与任用中的衔接、配合、支持、合作关系。司法行政机关在工作层面要主动加强与人民检察院的沟通协调，尊重检察机关的意见建议，共同研究解决工作中的困难和问题，形成推动改革的合力。

（二）人民监督员选任管理中司法行政机关与检察机关的职责划分

人民监督员从产生到运行主要涉及司法行政机关和检察机关的职责划分问题，人民监督员的选任和管理交由司法行政机关负责，检察机关配合司法行政机关工作，这不仅要求两机关紧密衔接，更要注重两者相互督促指导。司法行政机关应当真正掌握对人民监督员选任、考核、罢免等管理权力，而检察机关作为被监督者，应当逐步从控制人民监督员开展监督工作的环节中脱离出来，促进监督权的良好发挥。人民监督员监督的是检察机关履行职能的办案活动，检察职能又有着严格的分工，分别由不同的检察部门承担，需要解决彼此之间相互衔接与协调的问题。同时，由司法行政机关负责人民监督员的选任管理工作，是对人民监督员依法履行职责提供支持，而人民检察院则应当配合人民监督员履行职责，两机关协调合作，共同确保该制度在运作过程中的选任、管理和使用相衔接，否则，因衔接不畅会出现监督上的障碍，影响监督的实效。

## 二、人民监督员选任管理中的外部性之辩

长期以来，人民监督员的制度设计始终围绕着应当由谁组织领导人民监督员的选任管理工作，这是人民监督员制度建设不可回避的问题。基于我国《宪法》对国家机关行使国家权力的监督机制划分，监督可分为内部监督与外部监督。内部监督是国家机关对自身依法行使权力的保障机制和纠错机制，其主体是国家机关自身，具体任务由国家机关的某个内设机构承担。而外部监督是以国家机关以外的力量对国家机关依法行使职权或职责进行控制和约束，其主体是国家机关以外的机关、组织或者个人。基于人民监督员制度设置的实质目的，人民监督员履行监督职责需要以一种外在的独立于被监督者的力量来约束和规范检察权力的行使。这就需要做好以下工作：

（一）人员选任的公开性

人民监督员应当"年满 23 周岁，拥护中华人民共和国宪法，遵守法律，品行良好，身体健康，具有高中以上文化程度的中国公民，具备较高的政治素质、广泛的代表性和扎实的群众基础"[1]才可参加人民监督员的选任。"省级和设区的市级司法行政机关与同级人民检察院协商，根据本辖区案件数量、人口、地域、民族等因素合理确定人民监督员的名额及分布……接受公民自荐报名，对推荐和自荐人选进行审查，提出拟任人民监督员人选并向社会公示"[2]，同时规定："人民监督员每届任期 5

---

〔1〕 参见《深化人民监督员制度改革方案》第二部分"重点任务"之"（一）改革人民监督员选任机制"下第 3 条的规定。

〔2〕 参见《深化人民监督员制度改革方案》第二部分"重点任务"之"（一）改革人民监督员选任机制"下第 4 条的规定。

年，连续任职不得超过两届。省级人民检察院人民监督员和设区的市级人民检察院人民监督员不得互相兼任。"

在选任人民监督员的时候采取公开形式主要依托于司法行政机关，对符合条件的推荐或自荐的人员进行严格筛选，对其德行、能力等方面进行严格把关，既要保证人民监督员的广泛性与代表性，又要避免人民监督员的专职化与精英化。人民监督员选任的公开进行出于以下几方面考虑：[1]

第一，依托司法行政机关使得人民监督员脱离了检察系统而独立出来，这种设置可摆脱过去检察机关自己监督自己的尴尬局面，变成行政权与司法权的相互制约，[2]充分发挥该项制度的优势。

第二，随着科技的不断进步，政府执政手段的不断优化，人民群众获得信息的速度不断提高，参政议政的意识也不断增强。媒体上只要出现关于人民利益的事件，就会引起广泛关注。因此，需要创设一个供公众讨论的平台，让公众通过直接参与接触案件，对检察机关权力的行使有切身的了解和体会，能够更好地发挥社会监督的积极作用。

第三，监督员制度的设计初衷是为了让群众参与到社会管理中去，[3]并通过拓宽多种途径让公众能够更多地行使宪法赋予的参与国家事务管理的权利，使人民监督的参与度更高，增加参与人员的基数，防止有些人民监督员对自己工作重要性认

［1］ 张晓晴："人民监督员制度有关理论与实践问题研究"，中国社会科学院研究生院 2014 年硕士学位论文。

［2］ 郭美宏："特约检察员制度：让民主监督落到实处"，载《检察日报》2013 年 3 月 4 日，第 7 版。

［3］ 周光权："加强反贪工作群众参与 强化检察机关内外监督"，载《人民检察》2013 年第 21 期。

识不清，或者被利用，从而有效地增强了监督的公平性，有助于实现"拓宽人民群众有序参与司法渠道"的政策目标。

（二）组织模式的制衡性

通观法治发达国家关于监督机构的组织模式，可以得出以下两种方式：一种是具备固定、独立的监督机构，其组成人员有一定的任期，在任期内对相关案件进行监督，如日本检察审查会；另一种是不具有固定、独立的监督机构，也没有规定任期，而是临时抽选相关人员以进行监督，如美国部分州的专案陪审团。目前我国人民监督员制度可以采取如下措施：

第一，建立人民监督员的备选库。保持现行具体案件抽选人民监督员进行监督的模式，但要以较大的备选库为基础。"优秀的法律应当为主要法官培植一些随机产生的而不是选举产生的陪审员"，[1]在产生公民监督者的问题上也是如此。随机产生的人民监督员排除了对谁可能成为人民监督员的预见性，被告人即使想贿赂人民监督员也无法预知对象，从而确保程序正义。[2]因此，为了保证抽选的效果并减轻熟人化的问题，有必要建立一个比较庞大的备选库。

第二，建立司法行政机关选任管理中与检察机关的配合机制。借鉴日本检察审察会制度设置专门的事务局负责其成员选任、补选、培训工作的做法。一方面，我国人民监督员的选任和管理主要由司法行政机关负责是实现外部监督的重要措施；另一方面，人民监督员制度的落实需要检察机关的协调配合，

---

〔1〕［意］贝卡里亚：《论犯罪与刑罚》，黄风译，中国大百科全书出版社1993年版，第207页。

〔2〕高一飞："人民监督员制度的正当性探讨"，载《贵州民族学院学报（哲学社会科学版）》2005年第1期。

如此人民监督员的具体工作方能顺利开展。结合法治发达国家的理论与实践经验，完善人民监督员制度，实现人民监督员制度设立的初衷，真正落实人民监督员外部监督的有效性。

### 三、我们的研究

在人民监督员选任管理方面，司法行政机关处理其与检察机关的关系时应当把握两个原则：一是相对独立原则。对此，可以参考美国的做法。美国联邦法院绝对独立的地位决定了它判决的公正性和中立性，人民监督员的独立地位同样也决定了外部监督的有效性。人民监督员与检察机关是监督与被监督的关系，既是对立的，又是统一的，与检察机关保持一定距离是公正监督的必要条件。[1] 通过这种关系，减少人民监督员选任管理中检察机关的影响力，保持司法行政机关选任管理的相对独立性。二是制约原则。既要扩大监督的权力，达到监督的效果，又要限制监督的权力，避免权力的滥用对国家和案件当事人造成损害，司法行政机关在选任管理中作为选任机关的主体身份，应当充分体现其较为主动的业务能力，而检察机关作为被监督者，也应当发挥检察机关在选任管理中的积极姿态，配合司法行政机关办理相关工作。因此，司法行政机关本身就与检察机关有着工作上的联系，可以更好地沟通合作，发挥制度的优越性。

在保障人民监督员有效实施监督方面，司法行政机关与检察机关的定位不同，对人民监督员所起作用也不一样，具体分工为由司法行政机关负责选任与管理，人民检察院设立办事机

---

〔1〕 唐中政："人民监督员制度研究"，西南政法大学 2006 年硕士学位论文。

构负责人民监督员工作，完善与落实安排人民监督员评议案件、参加执法检查、了解检察工作情况等监督机制的同时，定期将人民监督员参加监督评议情况和其他履职情况通报司法行政机关，真正做到既相互协调又彼此制约督促。

## 相关依据

《深化人民监督员制度改革方案》

二、重点任务

（一）改革人民监督员选任机制

1. 人民监督员的选任机关。人民监督员由司法行政机关负责选任，省级和设区的市级司法行政机关分别选任同级人民检察院人民监督员。

......

4. 人民监督员的选任程序。省级和设区的市级司法行政机关与同级人民检察院协商，根据本辖区案件数量、人口、地域、民族等因素合理确定人民监督员的名额及分布。省级和设区的市级司法行政机关协调有关机关、团体、企事业单位和基层组织推荐人民监督员人选，并接受公民自荐报名，对推荐和自荐人选进行审查，提出拟任人民监督员人选并向社会公示。拟任人选中，机关、团体、事业单位工作人员一般不超过选任总数的50%。对拟任人选经公示无异议或者经审查异议不成立的，作出选任决定、颁发证书并向社会公布。

（二）改革人民监督员管理方式

1. 司法行政机关负责对人民监督员进行初任培训，同级人民检察院予以协助。司法行政机关可以会同同级人民检察院对人民监督员进行专项业务培训。

2. 司法行政机关建立人民监督员信息库，并与人民检察院信息共享。

3. 司法行政机关建立人民监督员考核制度，及时掌握人民监督员的履职情况。人民检察院应向同级司法行政机关通报人民监督员履职情况。对不认真履职的人民监督员，司法行政机关应当进行劝诫。

......

5. 人民监督员有违反保密规定、妨碍案件公正处理等不适合继续任职情形的，人民检察院可以向司法行政机关提出处理建议，由司法行政机关决定免除其人民监督员资格，并书面通知同级人民检察院和被免职者本人、推荐单位或组织，向社会公布。

三、工作要求

（一）加强组织领导。检察机关、司法行政机关要从全局和战略高度，充分认识深化人民监督员制度改革的重要意义，把思想和行动统一到中央司法体制改革决策部署上来，将其摆上重要议事日程，切实加强领导，明确责任，周密部署，精心组织，推动人民监督员制度不断健全和完善。

（二）加强协调配合。检察机关、司法行政机关要认真履行各自职责，密切沟通协调，互相支持配合，形成工作合力。司法行政机关要建立健全人民监督员选任管理各项制度，检察机关要健全完善人民监督员职责权限、工作程序和履职保障等制度，使人民监督员选任管理与使用紧密衔接，切实发挥人民监督员的作用。

《人民监督员选任管理办法》

第3条　人民监督员的选任和培训、考核等管理工作由司法行政机关负责，人民检察院予以配合协助。

司法行政机关、人民检察院应当建立工作协调机制，为人民监督员履职提供相应服务，确保人民监督员选任、管理和使用相衔接，保障人民监督员依法充分履行职责。

第13条　司法行政机关应当建立人民监督员信息库，与人民检察院实现信息共享。

司法行政机关、人民检察院应当公开人民监督员的姓名和联系方式，畅通群众向人民监督员反映情况的渠道。

第17条　司法行政机关会同人民检察院组织开展人民监督员初任培训和专项业务培训。

人民监督员应当按照要求参加培训。

第18条　司法行政机关应当建立人民监督员履职台账，对人民监督员进行年度考核和任期考核。考核结果作为对人民监督员表彰奖励、免除资格或者续任的重要依据。

人民检察院应当定期将人民监督员参加监督评议情况和其他履职情况通报司法行政机关。

第19条　对于在履职中有显著成绩的人民监督员，司法行政机关应当给予表扬。

第22条　司法行政机关应当及时将考核结果、免除资格决定书面通知人民监督员本人及其工作单位、推荐单位，并通报人民检察院。

第23条　司法行政机关应当将人民监督员选任管理及履职相关工作经费申报纳入同级财政经费预算，严格经费管理。

人民监督员因参加监督评议工作而支出的交通、就餐等费用，由司法行政机关按相关规定予以补助。

**《人民检察院办案活动接受人民监督员监督的规定》**

**第5条** 人民监督员的选任和培训、考核等管理工作，依照相关规定由司法行政机关负责，人民检察院予以配合协助。

**第6条** 各级人民检察院应当明确负责人民监督员工作的机构。人民监督员工作机构的主要职责是：

（一）组织人民监督员监督办案活动；

（二）通报检察工作情况；

（三）受理、审查、办理人民监督员提出的监督要求和相关材料；

（四）协调、督促相关部门办理监督事项；

（五）反馈监督案件处理结果；

（六）有关人民监督员履职的其他工作。

**第21条** 省、自治区、直辖市人民检察院和设区的市级人民检察院接受人民监督员监督办案活动的，由本院协调联络同级司法行政机关抽选人民监督员并组织开展监督；基层人民检察院或者直辖市人民检察院分院接受人民监督员监督办案活动的，由设区的市级人民检察院或者直辖市人民检察院协调同级司法行政机关抽选人民监督员，具体联络、组织开展监督等工作由基层人民检察院或者直辖市人民检察院分院负责。

**第22条** 人民检察院人民监督员工作机构根据本规定第八条规定拟安排人民监督员开展监督活动，应当组织、协调相关部门或者检察官办案组、独任检察官在工作中予以配合。相关部门或者检察官办案组、独任检察官也可以视具体工作，主动邀请人民监督员依照本规定进行监督，并提前告知人民监督员工作机构做好联络安排工作。

人民监督员工作机构应当通知相关部门或者检察官办案组、

独任检察官提供与监督有关的材料并及时送交人民监督员。

第23条　人民检察院应当提前将邀请参加监督活动的人民监督员人数、监督时间、地点以及其他有关事项通知同级司法行政机关，由司法行政机关依照相关规定，从人民监督员信息库中随机抽选和联络确定参加监督工作的人民监督员。

# 第六章 CHAPTER 6
# 人民监督员评议案件范围

　　人民监督员的监督范围界定的合理与否直接决定着人民监督员工作能否取得实效。监督范围过窄，无法对检察机关检察权的规范行使进行有效的监督与制约，会使此制度不能完全发挥作用，致使人民监督员监督功能部分流失。如果监督范围过宽，不仅人民监督员力所不及，也不符合法律制度的效益原则与程序经济原则。人民监督员监督评议案件的范围经历了诸多改变。从最初的仅仅对检察机关侦办职务犯罪活动进行监督，到监督"三类案件""五种情况"，再拓展至"十一种情形"，最后到针对检察机关所有办案活动都可实施监督。根据十九届四中全会的精神，人民监督员的监督是国家监督体系的一部分，作为对检察权运行制约和监督的制度，具有约束公权力且促进公权力规范行使的功能。应当将人民监督员监督对象向普通刑事案件倾斜，特别是实行检察官办案责任制以来，检察官权限进一步扩大，应当将人民监督员监督范围除普通刑事案件外，重点落实在检察官自由裁量权大的案件上，如案件争议较大或社会影响较大的存疑不诉、绝对不诉、不捕及认罪认罚从宽案件等，加强检察权运行的外部监督。

## 一、人民监督员评议案件范围的考察

随着人民监督员制度改革的深化，人民监督员选任方式、监督职责和内容、监督程序和保障等得到了进一步丰富和完善。其监督范围由查办犯罪扩展到有关执法环节立法情况。然而，在国家对司法活动的资源投入相对固定和有限的情况下，无限扩大人民监督员制度的监督范围无疑会耗费法治资源，确定监督范围必须兼顾效率与效益的平衡。国外有关民众参与司法的做法可以作为参考。例如，美国大陪审团制度规定，大陪审团审查所有重罪的起诉，大陪审团将根据自己通过讯问证人、讯问犯罪嫌疑人等调查的情况及检察官提出的案件情况，作出是否提起公诉的决定。日本检察审查会的决议是公民参加公诉程序的宝贵的法律制度，属于一种市民与法律专家互动的体制。2004 年日本在修改《刑事诉讼法》等法律时，也对检察审查会法进行了相应修改，确认检察审查会的部分决议具有提起公诉的效果。[1]

对于人民监督员监督案件的范围，理论界存在着扩大说和缩小说以及适合说的争论。

持扩大说的观点认为，人民监督员制度不应仅仅局限于检察机关办理案件，对于公安机关、国家安全机关、军队等组织侦查的普通刑事案件也应纳入监督范围，体现法律面前人人平等的司法原则。"从整体建构的角度出发，应当考虑非自侦案件也一并纳入人民监督员的监督范围。检察机关通过建立人民监督员制度，让公民参与并且监督人民检察院司法决定的思路是

---

〔1〕　〔日〕田口守一：《刑事诉讼法》，张凌、于秀峰译，法律出版社 2019 年版，第 228～230 页。

正确的，但是这一思路不应该只是局限于在自身直接受理侦查的案件上，而是应当随着试点工作的进行，在取得经验和实际效果的基础上，由最高人民检察院积极地提出立法建议，将人民监督员监督案件的范围扩大到普通案件上，体现程序公正的要求。"[1] 即坚持将人民监督员的监督范围扩大到人民检察院审查起诉的所有刑事案件，不仅是人民检察院自侦案件的立案、审查、起诉阶段的监督，还应该包括对公安机关负责侦查案件的监督。之所以给出这样的建议，主要是因为：其一，只强调人民监督员对检察院自侦案件的监督，而公安机关侦查的案件缺少人民监督员这样一种监督方式，将会对诉讼平等产生冲击。其二，根据我国《宪法》《刑事诉讼法》等规定，检察院享有立案起诉、批准、决定逮捕以及提起公诉等权力，为了防止检察院可能对权力相对人的诉讼权利造成损害，同时也是为了保证犯罪嫌疑人或者被告人的权利在受到侵害时有一个畅通的救济途径，应该设立一种对人民检察院上述权力的制约和监督机制。人民监督员制度正是基于这样的社会需求而产生。争议者认为，公安机关以及具有犯罪侦查权的其他国家机关在办理案件时，在必要时需要提请人民检察院批准逮捕犯罪嫌疑人，检察院对他们移送起诉的案件可能作出撤销案件、不起诉等决定，但是人民检察院在处理这些案件时没有人民监督员的监督，就会造成对不同性质案件中的犯罪嫌疑人、被告人权利保障的不平衡以及不同等对待。这样的规定违背了"诉讼权利人人平等"的法治原则和程序公正的要求。以上关于扩大人民监督员监督范围的理由单从"诉权平等"的角度考虑有其合理的成分。但

---

〔1〕 左卫民、吴卫军："人民监督员：理念与制度的深化和发展"，载《人民检察》2005 年第 2 期。

也有部分学者反对扩大论的观点，他们认为，就我国目前的司法体制以及改革发展的进度而言，扩大人民监督员的监督范围尚不具备充足的条件。同其他任何事物一样，人民监督员制度的发展和变化是一个渐进的过程，根据经济学领域的理论——一项制度的创设与运行需要遵循模式设计、样本实验、模型校正、有序规范、启动运行五个环节。[1] 同样人民监督员制度的创设初衷就只是为了避免人民检察院在自侦案件中滥用权力或者消极行使权力的情形。这是我国司法制度的一次成功改革，目前已经在我国司法领域寻找到了一种动态的平衡，有利于司法建设的稳定。如果将人民监督员的监督范围扩展到刑事领域的各个方面，那么首先要面临的就是司法领域现有平衡的打破，面临着法律监督制度的重新界定，既要考虑人民监督员制度在监督体系中的定位，还要考虑如何将检察权与审判权、人民代表大会监督权等权力秩序进行重新排序。同时，在立法层面上，要尽快出台新的法律法规对这种新局面进行明确的规范，以及需要大量的司法解释跟进。这将是一个巨大的、成本高昂的社会工程，而其社会价值却并不明确。所以，有学者认为为了其表现出的现有的社会价值，暂时维系其监督范围，等相应的制度成熟之后，再对其进行调整，这样更符合制度渐进性的演变规律。

持限缩说的观点认为，犯罪嫌疑人不服逮捕决定的案件不宜纳入人民监督员制度的监督范围，因为批捕只是一种强制措施，不同于撤销案件、拟不起诉等终局性决定，且批捕的救济措施已经相对完善，要受到审查起诉、法院审理等环节的制约，同时批捕的专业技术性较强，是否可能判处有期徒刑以上、是

---

〔1〕　徐汉明："人民监督员制度概念与特征的经济学分析"，载《方圆法治：人民监督员专刊》2005年第12期。

否有逮捕必要，都需要有法律专业知识的专业人士来判断，非一般社会常识所能判断。

除以上两种观点，学界还有另外一种声音，即所谓的"适合论"。这种观点认为，现行监督范围是恰当的，在目前不能扩大也不能缩小。人民监督员制度的监督范围涉及监督权与检察权的冲突问题，如果监督范围过窄，则起不到监督效果，极易流于形式；如果监督范围过大，则可能会干涉检察权的独立行使。人民监督员制度设立的初衷是对检察机关直接受理的职务犯罪案件的侦查活动建立一种体外监督。作为一项公权力，公安机关、国家安全机关、军队保卫组织等部门的侦查活动因为有检察机关对其的体外监督，所以普通的刑事案件不宜再纳入人民监督员的监督范围。当前人民监督员制度确定的监督范围是恰当的。人民监督员制度是对检察机关执法活动的外部监督，而不是直接参与检察机关的执法活动。也就是说，检察机关的执法活动与人民监督员的监督是相对独立的，这符合监督的特性，在现行法律规定下，也与检察机关依法独立行使职权，不受行政机关、社会团体和个人的干涉是相一致的。人民监督员作为监督者，既不能干涉检察机关的正常办案活动，又要切实起到对检察机关执法活动的监督作用，但是检察机关的许多执法活动是具有技术性、专业性的，而人民监督员的特性、人员组成决定了人民监督员不可能对检察机关中的一些技术性问题进行监督，因此人民监督员对检察机关的执法活动进行监督应当是有所选择、有所偏重的。在实际工作中，应当从人民群众反映最突出、要求最强烈的问题入手；应当从可能制约司法公正的环节入手；从检察机关执法中最容易出问题的地方入手；从检察机关受到监督制约比较薄弱的环节入手。

由于人民监督员制度的着眼点就是为了解决案件办理过程中检察机关权力过大而可能出现的滥权专权问题，主要监督的应当立案而不立案等 11 种情形也大都发生在自侦案件的办理过程中。但随着监察体制改革的不断深入发展，检察机关对反贪反渎等职务犯罪的自侦职能转移至检察委员会后，人民监督员制度的创设初衷不再。尽管在 2018 年修改的《刑事诉讼法》中保留了一部分检察机关的自侦权，但贪污贿赂犯罪、失职渎职以及预防职务犯罪等案件自侦权的转移使得检察机关的侦查权限大大减损，未来所面对的案件数量也会大大减少。基于此，《人民检察院组织法》规定了人民监督员监督检察机关所有的办案活动。《人民检察院办案活动接受人民监督员监督的规定》对人民监督员监督评议案件范围进行了细化，主要包括案件公开审查、公开听证；检察官出庭支持公诉；巡回检察；检察建议的研究提出、督促落实等相关工作；法律文书宣告送达；案件质量评查；司法规范化检查；检察工作情况通报；其他相关司法办案工作。同时，人民监督员还可以通过其他方式对检察办案活动提出意见建议的，便于该项制度发挥其应有的效能。

## 二、人民监督员监督评议案件的范围

### （一）人民监督员监督评议范围的变化

1. 改革过程中的监督范围

在改革过程中，对检察机关直接受理立案侦查案件中出现的拟作撤销案件、不起诉和犯罪嫌疑人不服逮捕决定情形的是人民监督员制度第一层次的监督范围，是监督重点。

（1）对直接受理案件拟作撤案的监督。对于检察机关直接受理案件作出撤销案件和不起诉决定后，实际上是对案件诉讼程序的终止，且具有法律效力。这些案件多为检察机关自己操作，外部监督非常薄弱。检察机关直接受理侦查案件很少有具体的、确定的受害人，也就很少有一般刑事案件中受害人对案件的制约权力，也没有一般刑事案件中公安机关对检察机关之终极决定的申请复议等的制约权力。检察机关对案件可进行决定性处理，所以加强对检察机关的外部监督尤为必要。根据《刑事诉讼法》的有关规定，检察机关撤销案件的条件是：具有《刑事诉讼法》第16条规定情形之一的；没有犯罪事实的，或者依照《刑法》规定不负刑事责任和不是犯罪的；虽有犯罪事实，但不是犯罪嫌疑人所为的。由此可以看出，对于具有《刑事诉讼法》第16条规定情形而撤销案件的，虽涉及法律适用的问题，但无须很高深的法律知识就可作出判断；对于没有犯罪事实或虽有犯罪事实但不是犯罪嫌疑人所为，应撤销案件的，这基本上是对案件事实的判断，很少涉及法律适用问题。上述情况对法律知识不是很足的人民监督员来讲，是能够独立作出判断的。这类案件随着检察机关侦查职务犯罪职能的转隶，已经不再是问题。

（2）对直接受理案件拟作不起诉的监督。检察机关拟作不起诉的案件根据《刑事诉讼法》的规定分为四种情形：①绝对不诉，即符合《刑事诉讼法》第16条规定情形之一的，检察机关应当作不起诉决定；②存疑不诉，即经补充侦查仍证据不足不符合起诉条件的，检察机关应当作出不起诉决定；③酌定不诉，即对于犯罪情节轻微，依照《刑法》规定不需要判处刑罚或者免除刑罚的，可以作出不诉决定；④针对未成年人诉讼的附条件的不诉。对于绝对不诉，具有一般法律水平的人民监督员是能够作出独立判断的；对于存疑不诉，主要涉及对证据的真实性和事实的认定问题，较少涉及法律适用问题，因此，人民监督员对检察机关拟作存疑不诉的案件也能够进行有效监督；对于相对不诉案件，其前提是犯罪嫌疑人已构成犯罪，其法律适用问题实际上已基本解决，对于是否拟作不诉决定，实际上是对犯罪情节是否轻微的判断，是对案件对社会产生的危害程度的判断，对社会危害程度的判断有赖于社会的价值评判，而不仅是司法判断的问题，因此检察机关也需要了解社会对案件危害程度的看法，以确保案件的正确处理。所以，人民监督员对检察机关拟作不诉的监督是能够胜任的。

（3）对直接受理案件犯罪嫌疑人不服逮捕决定案件的监督。按照《刑事诉讼法》的有关规定，逮捕的条件是有证据证明有犯罪事实，可能判处徒刑以上刑罚，且采取取保候审、监视居住等方法尚不足以防止发生社会危险性，而有逮捕必要的。只有符合上述全部条件，才可以对犯罪嫌疑人进行逮捕。是否有证据证明有犯罪事实，以及采取取保候审、监视居住等方法是否足以防止发生社会危险性，对于一般的人来讲，判断起来问题不大；但对于是否可能判处徒刑以上刑罚，以及是否有逮捕必要，则涉及一些专业技术和法律上的问题，即是否可能判处徒刑以上刑罚，涉及法律适用问题；是否有逮捕必要，涉及技术问题。对人民监督员来讲，有些问题是难以作出判断的。在实践中，对于是否属于错捕，司法机关有时也难以作出统一的判断。因此，对于逮捕决定的监督，对人民监督员而言难度较大。更为重要的是，对检察机关的逮捕，外部监督制约也是比较强的，例如在检察机关的逮捕属于错捕的情况下，案件当事人有权申请国家赔偿，并且是否应该进行赔偿，也并非检察机关所能够最终决定的，而是由法院的赔偿委员会作出是否赔偿的决定，如果检察机关不予赔偿，当事人还可申请强制执行。

将对检察机关自侦案件中犯罪嫌疑人逮捕决定的监督交由法律水平一般的人民监督员，这是难以奏效的。

另外，以下情形也应纳入监督评议范围：①应当立案而不立案或者不应当立案而立案的；②超期羁押或者延长羁押期限决定违法的；③违法搜查、查封、扣押、冻结或者违法处理查封、扣押、冻结财物的；④拟撤销案件的；⑤拟不起诉的；⑥应当给予刑事赔偿而不依法予以赔偿的；⑦检察人员在办案中有徇私舞弊、贪赃枉法、刑讯逼供、暴力取证等违法违纪情况的；⑧犯罪嫌疑人不服逮捕决定的；⑨采取指定居所监视居住强制措施违法的；⑩阻碍当事人及其辩护人、诉讼代理人依法行使诉讼权利的；⑪应当退还取保候审保证金而不退还的。

2. 改革后的对所有办案活动进行监督

改革后的人民监督员监督范围的拓展，是加强人权保障的具体措施，同时也是践行十九大报告"构建党统一指挥、全面覆盖、权威高效的监督体系"精神的体现。《人民检察院组织法》第27条规定："人民监督员依照规定对人民检察院的办案活动实行监督。"该条所提到的"办案活动"是指人民检察院的所有办案活动，不仅仅是检察机关的自侦案件。目前，人民检察院的办案活动主要包括以下几个方面：①依法移送人民检察院起诉而没有接收的；②超期羁押或者延长羁押期限决定不合法的；③犯罪嫌疑人不服逮捕复议决定的；④采取指定居所监视居住强制措施违法的；⑤应当退还取保候审保证金而不退还的；⑥违法搜查、扣押、冻结或者违法处置扣押、冻结款物的；⑦拟批准撤销案件的；⑧拟不起诉的；⑨应当给予刑事赔偿而不依法予以赔偿的；⑩阻碍律师或者其他诉讼参与人依法行使诉讼权利的；⑪依法应当采取公益诉讼而没有采取的；⑫检察人员在办案中有徇私舞弊、贪赃枉法、刑讯逼供、暴力取证等违法违纪情况的；⑬其他办案活动情形的监督。除此之外，有关检察机关所办理的"捕诉合一"、认罪认罚从宽、公益诉讼案件，人民监督员也应当对此类办案活动进行监督。

特别是在"捕诉合一"改革开始之后，检察机关对于批捕的权利进入了由最初的双重监督到单层监督的困局。在对检察机关的职权进行整合之后，过去由审查批捕对案件进行第一次把关、由审查起诉进行第二次把关的局面不再，虽然批捕与起诉都由检察机关行使提高了诉讼效率，但根据以往的经验，我们早已认可让权力在阳光下运行是保障权力不被滥用的最行之有效的方法，让权力与权力相互制衡也是避免一权独大的最直接的方式。在"捕诉合一"开展之后，审查批捕与审查起诉两项职权由一个部门行使，从实质上赋予检察官更大的自由裁量权。检察机关的内部监督往往是事后监督，因而一旦发现审查批捕或审查起诉的决定是错误的，案件往往不可再被逆转回到错误发生的环节。因此，肩负双重职权的"当局者"们更需要来自于外部"旁观者"的监督。在此种情形之下，就需要人民监督员进行有效监督，从而保障捕诉制度能够顺利运行。随着人民监督员制度的健全和完善，特别是随着国家经济的发展和民主法治的不断推进，在构建和谐社会的进程中通过立法形式扩大人民监督员的监督范围是具有可行性和必要性的。正如一些学者所提出的检察机关通过建立人民监督员制度，让公民参与或监督检察机关司法决定的思路是正确的，但这一思路不应该只局限在自己直接受理侦查的案件上，随着试点工作的开展，在取得经验和实效的基础上，应尽快将人民监督员监督案件范围扩大到普通案件，体现程序公正，保障监督的全面性。

### 三、对人民监督员评议范围的探索

"法律规范是法学的核心问题，法学的一切问题，都需要遵循一定的规范展开。"[1] 我们研究一项法律制度，首先要从相应的法律规范入手，寻找其法律依据。人民监督员制度是我国司法改革中一种必然和有益的选择，作为一项制度，应当不断丰富与完善。作为司法制度的一个重要分支，推进人民监督员制度的法制化进程也是当前司法制度改革的重要一环。有学者建议将人民监督员制度写进《宪法》；也有人认为应当制定专门的"人民监督员法"；还有学者建议在《刑事诉讼法》中增加有关人民监督员监督范围之内容。

人民陪审员制度同人民监督员制度有许多相似之处，它们都是公民参与司法的有效途径，陪审员和监督员都来自社会各界，都具有广泛的社会代表性，都是司法制度的一种尝试和创新。人民陪审员的法律依据是《中华人民共和国人民陪审员法》《中华人民共和国人民法院组织法》《中华人民共和国刑事诉讼法》以及最高人民法院的解释和案例指导。《中华人民共和国人民法院组织法》详细规定了陪审员制度，包括审理案件的范围、陪审员的条件和选任程序等；《刑事诉讼法》规定了人民陪审员介入案件的具体时间和程序、人民陪审员的权利等。司法实践证明，这种模式对人民陪审员制度的规定比较全面，操作性也较强。人民监督员制度也可参照人民陪审员的立法模式，通过修改《人民检察院组织法》和《刑事诉讼法》，在《人民检察院组织法》中增加关于人民监督员制度、监督范围等内容；将人民监督员的介入时间、

---

〔1〕 徐汉明："人民监督员制度概念与特征的经济学分析"，载《方圆法治：人民监督员专刊》2005 年第 12 期。

人民监督员权利等内容写入《刑事诉讼法》。在运用过程中遇到具体的操作问题，由全国人大常委会制定"关于实行人民监督员制度的决定"等指导性规范，在条件成熟时制定"人民监督员法"。

## 四、我们的研究

### （一）人民监督员监督范围的基本观点

目前人民监督员的监督范围是检察机关所有办案活动，其范围的广泛性要求既要加强人民监督员制度的实效，又不会因简单地扩大其监督范围导致该制度流于形式。因而有必要在未来的人民监督员制度立法过程中将监督内容限定为事实判断方面，使其避免就专业性较强的法律适用问题作出判断，进一步加强和保证人民监督员监督的刚性和实效。

针对人民监督员的监督范围，早在此项制度试点过程中就有一些学者提出应将监督范围扩大到普通刑事案件。例如，有学者认为应当扩大监督范围和情形：公安机关将诉讼终结的案件提交至检察机关，只要后者认为不应当起诉，此类案件就应当受到监督员的监督。[1] 支持把监督范围扩大到普通刑事案件的学者们固然是为了人民监督制度的更好发展，但应关注以下问题：首先，正确理解人民监督员制度的建立目的。我国的检察机关通过监督其他国家机关和工作人员，保障公平正义的顺利实现，在这方面它起到的是监督的作用。然而检察机关在办理犯罪案件时，因缺少对其必要的外部监督，引发了公众对其司法活动公正性的质疑。基于此原因，检察机关才尝试建立该制度作为一种外部力量来监督自己，这才是此项制度产生的根

---

[1] 谢晖："法律规范之为法学体系的核心"，载《学习与探索》2003年第6期。

本原因。因此如果盲目地扩大监督范围，可能会与此项制度的设计初衷相背离，因此不宜盲目扩大范围。其次，科学认识普通刑事案件中已有的监督措施。在司法实践中，公安机关在侦办普通刑事案件时，针对检察机关的决定是有救济措施的。具体表现为：公安机关如果对检察机关作出的相关决定不服，可以通过向同级检察院复议或者上级检察院复核的方式来加以救济。在已经存在合理的监督程序的情况下，还要耗费精力和时间再建立一套监督制度，不仅会削弱检察机关的司法独立性，而且也会造成司法资源的浪费。另外，这种做法也会增加人民监督员的工作量，尤其有一些人民监督员在机关、事业单位工作，他们本身就工作繁忙，同时还要抽出大量的时间去监督检察机关的工作，如此恐怕很难有充足的精力和时间同时处理好人民监督员的工作和其本职工作。[1] 因此，我们认为，就普通刑事案件而言，应将重心放在完善已有监督机制方面，将某些人民群众极度关注、社会影响力大的普通刑事案件作为人民监督员的重点监督范围。

随着 2016 年 11 月开始进行的由中央部署的监察体制改革试点到创立监察委员会，特别是《中华人民共和国监察法》出台后的一系列改革举措，人民监督员应当承担起更加重要的职责，只要检察机关就案件的实体问题作出决定，人民监督员就应当对此类案件进行监督。为了不断推进国家监察体制改革，保留颇具中国特色的外部监督形式和人民民主方式的人民监督员制度，有学者提出各具优劣的如下三种方式：

第一，将检察机关中的人民监督员制度与国家监察委员会结合，并维持现有人民监督员制度的监督范围。这种方式意味

---

〔1〕 罗永红："日本检察审查会的启示——兼论我国人民监督员制度的完善"，载《河南社会科学》2007 年第 4 期。

着将检察机关原先负责人民监督员工作的机构和人员一并划入国家监察委员会；维持人民监督员制度的监督范围即针对职务犯罪，只是将涉及检察机关的部分全部调整为国家监察委员会办理职务犯罪的相关部门。而其他诸如人民监督员制度的启动、人民监督员制度的适用范围以及人民监督员评议复议制度皆可遵循既有的人民监督员制度规定，由国家监察委员会通过制定相关规范性文件或者以后修改《中华人民共和国监察法》进行确定。这种方式的优点在于尊重人民监督员制度既有的实践经验，容易操作，避免制度变革带来的不确定性。缺点则无法实现对检察机关办案活动形成监督与制约，难以产生对办案检察官的倒逼效应。

第二，将检察机关中的人民监督员制度并入监察委员会，将其监督范围扩大到监察委员会的所有监督行为。不同于第一种方式，这种方法在将检察机关原先负责人民监督员工作的机构和人员一并划入监察委员会的同时，扩大了人民监督员制度的监督范围，即不仅对监察委员会办理职务犯罪的行为进行监督，而且扩展到对监察委员会所有的监督行为进行监督。监察委员会的设立整合了反腐资源，提高了反腐效率。监督职能如此集中的一个机构，在其职能形成和扩张过程中，自身也应当受到必要的监督和制约。除了来自纪委的内部监督外，人大及社会公众的外部监督同样不可或缺。这种方式丰富了新形势下人民监督员制度的内涵，有利于通过社会公众监督而对国家监察委员会形成必要的权力制约；缺点在于人民监督员制度将面临职能调整和重新设计，由此也会产生较大的不确定性。

第三，维持检察机关人民监督员制度不变，将其监督范围调整为检察机关除职务犯罪外的其他法律监督活动。这种方式意味着检察机关中原先负责人民监督员工作的机构和人员均保持不变，而将人民监督员制度的监督范围调整为检察机关除办理职务犯罪外的其他活动。这种方式适应了监察委员会对检察机关反贪、反渎职能的整合，同时也尊重了目前人民监督员制度的实践经验；缺点在于与人民监督员制度的设计初衷相违背，即针对检察机关查办职务犯罪案件过程中容易出现的问题、外部监督环节相对薄弱的环节而设立的。此外，人民监督员制度在实践中的成熟度以及人民监督员自身履职能力是否能够支持其全面进入刑事诉讼活动也是值得论证和思考的。[1]

基于《人民检察院组织法》第 27 条规定的"人民监督员依照规定对人民检察院的办案活动实行监督"，目前的监督范围采用了第三种方式。然而，该法仅仅采用一条法律条文进行总括性的概述，尚不具有可操作性，特别是随着现阶段检察内部机构改革的不断深入，应逐步将监督内容予以细化、突出。特别是将人民监督员制度的监督范围扩展到积极检察权方面。所谓积极检察权，是指检察机关的立案权、侦查权、批捕权、起诉权等，而消极检察权则是指不立案权、撤案权、不起诉权等。错误行使积极检察权应比错误行使消极检察权的危害更大，对于积极检察权虽可以通过法院行使审判权等程序来进行最终的监督和制约，但是这种监督属于事后监督，已无法弥补司法效率和法律公正的损失。但笔者认为，不宜将人民监督员制度扩展至所有的积极检察权，原因如下：一是立案权、侦查权属秘密进行，在未采取强制措施前对人权的影响是有限的，国外立法也鲜有此监督之先例，因此不应将所有的积极检察权都纳入监督范围。二是对所有的批捕、起诉案件均予以监督，工作量

---

〔1〕 秦前红："国家监察委员会制度试点改革中的两个问题"，载《四川师范大学学报（社会科学版）》2017 年第 3 期。

太大，几乎相当于重设一个监督机关，故仅把不服逮捕、起诉决定的案件纳入监督范围为妥。

## （二）人民监督员监督范围的新发展

人民监督员制度创设之初衷，在于消解社会对检察机关办理职务犯罪案件的疑虑，补强检察机关职权行使的民主性，防范检察权力滥用。为了防止人民监督员监督范围过于泛化，应当突出对检察机关"捕诉合一"、认罪认罚从宽、公益诉讼等办案活动实施监督，避免该制度流于形式。

### 1. 对"捕诉合一"部门的办案活动实施监督

将批捕和公诉两个部门合并是检察机关内设机构改革的一个突破口，寄希望于通过职能的合并与重新划分带来办案效率的提升。对于"捕诉合一"这一话题，学界与实务界一直存在争议。"捕诉合一"的效果如何，我们可持观望的态度，但在"捕诉合一"的改革开始之后，检察机关内部监督与制约的关系已经发生了变化，这将影响人民监督员制度的后续进程。在"捕诉合一"之后，审查批捕与审查起诉两项职权由一个部门行使，实质上赋予了检察官更大的自由裁量权。在实践中，尽管如业绩考核、信息化监管等种种内部监督机制提醒并督促检察官在办案过程中谨慎用权、严格执法，但"捕诉合一"后检察官对案件的两道审查工序都是封闭的，不同程度上带有主观色彩。检察机关的内部监督往往是事后监督。一旦发现审查批捕或审查起诉的决定是错误的，案件往往不可再被逆转回到错误发生的环节。因此，肩负双重职权的"当局者"们更需要来自于外部"旁观者"的监督。[1]

---

[1] 陈卫东、胡晴晴、崔永存："新时代人民监督员制度的发展与完善"，载《法学》2019年第3期。

因此，在"捕诉合一"这一新的时代背景下，如何利用外部监督有效地对检察机关形成新的制约是值得我们共同思考的，尤其是"捕诉合一"模式下针对"不服逮捕决定""拟不起诉""捕后不诉""被害人、被不起诉人对不起诉决定有异议"以及"有必要提请评议的检察监督"等案件引入人民监督员的外部监督是非常有必要的。

2. 对认罪认罚从宽案件实施监督

认罪认罚从宽制度是党的十八届四中全会作出的重大改革部署，也是当前司法机关针对刑事案件进行程序分流、合理分配的必要措施。为加强认罪认罚协商过程中的检务公开，有必要引入人民监督员制度，从而形成对犯罪嫌疑人和检察官之间协商过程的有效外部监督。虽然监察委员会的成立和人民监督员制度的推行在一定程度上弥补了检察机关自我监督的弊端，但是这种被动监督并不能有效涵盖所有的公诉案件，认罪认罚案件应当引入公开监督这种主动监督机制。"公开监督，指检察官作出的起诉与不起诉决定书，应同法院裁判文书一样公开，以供学术研究及外界检验。"文书公开后，案件参与各方对于协商过程中哪些因素可以进入协商、哪些因素能够对量刑产生"优惠"作用等能有更清晰的认识，这对提升认罪认罚从宽制度的公信力大有裨益。[1] 在司法实践中也多有体现，譬如，天津市人民检察院第二分院对一起适用认罪认罚从宽制度的故意伤害案件进行公开审查，市司法局随机抽选两名人民监督员参加案件公开审查活动，这是全国试点中首次适用认罪认罚从宽制度，也是天津市人民监督员制度改革后首次经司法行政机关随

---

〔1〕 胡铭、张传玺："认罪认罚从宽制度中的法律监督"，载《昆明理工大学学报（社会科学版）》2017 年第 2 期。

机抽选参加公开审查活动。

3. 对公益诉讼案件实施监督

公益诉讼案件涉及大众利益，往往触动地方政府、行政机关以及相关方利益，办案阻力大、博弈性强。检察机关已立案但撤回起诉的案件，容易引起社会公众对检察权的质疑，特别是公益诉讼中检察机关撤回起诉的案件。通过引入人民监督员制度，可以使检察机关借助外力化解各方面的不当干扰，为提起诉讼、解决问题创造良好的舆情条件，也可以更好地监督检察机关充分行使提起公益诉讼权。在第二十二届国际检察官联合会年会暨会员代表大会上，习近平总书记在贺信中强调，检察机关和检察官工作职能定位和职责回归本位就是作为"公共利益和服务人民"的代表，必须时刻以公益服务人民为最高理想，以服务建设平安、公正、和谐的法治社会为工作着眼点，坚持以法治思维和方式为人民办案，办好案作为最基本准则，更好地承担起惩治和预防犯罪、对诉讼活动进行监督等职责，真正成为保护国家利益和社会公共利益的一项重要力量。随着检察机关定位的调整，其公共职能涉及多数人的利益，若转型过程中有所偏差、不受监督，将会导致公共利益受损，纳入人民监督员制度则会更好地防范这种危险。

目前，为了推动监察机关依法接受民主监督、社会监督、舆论监督，2018年8月24日，中共中央纪律检查委员会、国家监察委员会印发了《国家监察委员会特约监察员工作办法》，决定建立特约监察员制度，并对特约监察员工作进行指导和规范。特约监察员的主要职责是对纪检监察机关及其工作人员进行监督等。特约监察员主要从全国人大代表中优选聘请，也可以从全国政协委员、专家学者、一线代表和基层群众等七类人中优选聘请。"特约监察员"制度既是人大对国家监委领导的制度呼应，又推动了监察工作依法接受民主监督。这种从"特邀监督员"到"特约监督员"的变化与优选聘请机制以及人员构成均表现出外部监督重要性。因此，发展与完善人民监督员的监督范围具有特别重要的价值与意义。最理想的是，将人民监督员的监督范围扩展到所有执法与司法领域，仅限制其在不同领域监督的侧重点。

 相关依据

**《人民检察院组织法》**

第 11 条　人民检察院应当接受人民群众监督，保障人民群众对人民检察院工作依法享有知情权、参与权和监督权。

第 27 条　人民监督员依照规定对人民检察院的办案活动实行监督。

**《人民检察院办案活动接受人民监督员监督的规定》**

第 8 条　人民检察院下列工作可以安排人民监督员依法进行监督：

（一）案件公开审查、公开听证；

（二）检察官出庭支持公诉；

（三）巡回检察；

（四）检察建议的研究提出、督促落实等相关工作；

（五）法律文书宣告送达；

（六）案件质量评查；

（七）司法规范化检查；

（八）检察工作情况通报；

（九）其他相关司法办案工作。

第9条　人民检察院对不服检察机关处理决定的刑事申诉案件、拟决定不起诉的案件、羁押必要性审查案件等进行公开审查，或者对有重大影响的审查逮捕案件、行政诉讼监督案件等进行公开听证的，应当邀请人民监督员参加，听取人民监督员对案件事实、证据的认定和案件处理的意见。

第10条　人民检察院对检察官出席法庭的公开审理案件，可以协调人民法院安排人民监督员旁听，对检察官的出庭活动进行监督，庭审结束后应当听取人民监督员对检察官出庭行为规范、文书质量、讯问询问、举证答辩等指控证明犯罪情况的意见建议。

第11条　人民检察院对监狱、看守所等进行巡回检察的，可以邀请人民监督员参加，听取人民监督员对巡回检察工作的意见建议。

第12条　人民检察院研究提出检察建议、督促落实检察建议等相关工作的，可以邀请人民监督员参加，听取人民监督员对检察建议必要性、可行性、说理性等方面的意见建议，或者对检察建议督促落实方案、效果等方面的意见建议。

第13条　人民检察院组织开展法律文书宣告送达活动的，可以邀请人民监督员参加，听取人民监督员对法律文书说理工作的意见建议。

第14条　人民检察院组织开展案件质量评查活动的，可以邀请人民监督员担任评查员，听取人民监督员对评查工作的意见建议，或者对检察办案活动的意见建议。

第15条　人民检察院组织开展司法规范化检查活动的，可以邀请人民监督员参加，听取人民监督员对检查方式、内容、效果等方面的意见建议，或者对检察办案活动的意见建议。

第七章 CHAPTER 7
# 人民监督员的监督评议程序

人民监督员制度作为一种外部性监督，其监督的有效性离不开正当化、规范化的程序。人民监督员从被抽选到监督评议案件的整个过程，应当保持客观中立。人民监督员监督功效之有效发挥的关键在于完善人民监督员制度运行的具体程序与相关制度衔接：通过完善抽选机制，加大监督评议程序的公开性，增强监督能力，尤其是赋予监督评议以程序性效力，才能发挥好程序的功能，实现人民监督员制度程序的实效性。

制度的正当性取决于"正当化的过程"。正当法律程序的根本要求在于"任何人都不应当为自己的法官"和"当事人有陈述和被倾听的权利"。前者旨在祛除偏见，后者要求作出事关其利益的处分时，必须给予其公平的为自己辩护的机会。[1] 其中包括告知、说明理由和倾听等方式，要求当事人能够和平地自愿地富有影响地通过公平的可被理解的程序参与检察机关办理案件的活动。

---

〔1〕 〔美〕迈克尔·D. 贝勒斯：《法律的原则——一个规范的分析》，张文显等译，中国大百科全书出版社 1996 年版，第 32~37 页。

## 一、人民监督员监督评议程序的考察

### （一）抽选评议模式和程序

检察机关"随机抽选"模式是较早建立的一种开展评议的模式，即人民监督员进入案件主要经由司法行政机关建立人民监督员库，检察机关采取随机抽选的方式，邀请人民监督员监督相关案件办理工作。现已经改变了此种状况，即主要由司法行政机关对人民监督员进行随机抽选。这种抽选人民监督员开展评议的模式和程序主要涉及抽选主体、抽选方式、抽选人数以及抽选程序与开展评议程序的衔接等问题。

1. 抽选主体

司法行政机关选任并建立人民监督员信息库后，如何从已有的人民监督员名单中选择人民监督员进行监督，早期的抽选主体为检察机关。这种抽选程序受到理论界和民众的质疑，重要原因是有悖于"只缘身在此山中"的人之常情，超出了人们普遍认知的范围。《深化人民监督员制度改革方案》将此种模式改为由司法行政机关自行对人民监督员进行抽选，并负责人民监督员的选任、考核和管理。这种抽选模式，在一定程度上增强了监督程序的公正性，避免了人民监督员与检察机关结成利益共同体，更能获得民众的理解与支持。

2. 抽选方式

《人民监督员选任管理办法》第15条规定："司法行政机关从人民监督员信息库中随机抽选，联络确定参加监督评议的人民监督员，并通报检察机关。"人民监督员主要通过"随机抽选"的方式产生，即由司法行政机关抽选人民监督员评议具体案件。这种方式在很大程度上避免了暗箱操作，保障了抽选程序的客观公正性。

3. 抽选人数

早期，人民监督员参加监督案件的人数应当根据案情需要及时确定 3 名以上、总人数为单数的人民监督员参加案件监督工作。2015 年《最高人民检察院关于人民监督员监督工作的规定》（现已失效）第 14 条规定："监督评议案件，应当有 3 名以上单数的人民监督员参加。重大案件或者在当地有重大影响的案件，应当有 5 名以上单数的人民监督员参加案件监督评议工作。参加案件监督评议的人民监督员的抽选、确定与回避，按照《人民监督员选任管理办法》办理。"

4. 抽选程序与开展评议程序的衔接

抽选程序与评议程序衔接过程中司法行政机关与人民检察院的关系及职责划分：一是人民检察院办理的案件需要人民监督员进行监督评议的，人民检察院应当在开展监督评议 3 个工作日前将需要的人数、评议时间、地点以及其他有关事项通知司法行政机关；二是司法行政机关从人民监督员信息库中进行随机性的抽选，联络确定参加监督评议的人民监督员，并告知检察机关。同时，为了保证人民监督员没有偏私地开展监督工作，人民监督员也适用回避的相关规定，即被抽选出的人员是本案当事人近亲属、与本案有利害关系或者担任过本案诉讼参与人的，不得担任该案件的人民监督员。

（二）监督评议信息来源问题

《深化人民监督员制度改革方案》弥补了过去人民监督员监督程序的空白，规范参与案件监督的人民监督员的产生程序、完善案件材料提供和案情介绍程序、完善人民监督员评议表决和检察机关审查处理程序以及设置复议程序等方面。其中具有建设性的一项改革是关于犯罪嫌疑人意见表达程序的设置，规定"必要时，人民监督员可以通过收听收看讯问犯罪嫌疑人相关录音录像了解当事人的意见"，[1]使得人民监督员对犯罪嫌疑人有了相对直观的认识，以及对案情有了更为全面客观的理解与认识。至于当事人更多直接的意见表达程序、人民监督员旁听案件承办人讯问犯罪嫌疑人、询问证人、听取有关人员和律师意见，人民监督员的回避等规定依然空白，人民监督员的监督仍然建立在承办案件的检察机关提供的有关案件事实、证据和法律适用等材料之上，不可避免地会产生监督是否有效、能否独立于检察机关而进行外部监督的质疑，另有如何在案件保密工作与人民监督员知情权之间找到平衡点的担忧。

　　人民监督员对一般案件了解案情和法律适用的情况，仅依靠检察机关的介绍，当且仅当"必要时"才能通过相关录音录像了解当事人的意见，这样可以避免人民监督员直接接触犯罪嫌疑人、证人等，或是出于案件保密性要求，或是出于司法公正审判、防止外界干扰等考虑。然而，人民监督员监督评议案件的主要信息来源于案件承办检察官介绍相关情况的做法是否会妨碍监督员"兼听则明"，主办检察官提供的已经形成定论的案件介绍等前置性信息就决定了最终信息输出的内容，人民监督员没有时间发现问题也不可能发现问题，自然很快就会与检察机关形成共时性认同，[2]很难有效发挥人民监督员的外部监督价值。"现实中人民监督员发现案件问题线索主要依靠民众的举报和自己在日常生活中的发现"，而不是在监督程序中发现问

---

〔1〕　参见《深化人民监督员制度改革方案》第二部分"重点任务"之"（四）完善人民监督员监督程序"下第2条的规定。

〔2〕　何自荣、成虹："我国人民监督员制度的问题与对策探究"，载《昆明理工大学学报（社会科学版）》2015年第1期。

题。只有检察机关一方对案件的定论性介绍，而没有被告人和受害人的参与和意思表达，对案件形成全面认识是不可能的。由于检察机关单向的信息提供，人民监督员无法对案件事实作出客观性判断和正确评价，这种情况下的监督难以获得有效性。

有学者建议可以做出两点改进：[1]一是规定人民监督员可以查阅有关的案卷材料，并认为，虽然检察机关方面可能的顾虑是担心泄密或影响案件侦查，但案卷材料本身就是应当公开的诉讼材料（本身涉及国家秘密的除外）且人民监督员负有保密义务；如果担心影响侦查，可以对不服逮捕的案件（因为此时侦查正在进行）中可能影响办案的某些"敏感"材料作适当限制。二是规定对于有争议的案件，原则上应当采用"兼听"意见的方式，即采取一种比较简易的"听证"方式，让控辩双方同时到场发表意见，也可以先后听取双方意见，以帮助人民监督员作出正确判断。

对此还存在如下需要讨论的问题：关于案卷材料是否为应当公开的诉讼材料。也就是说，案件宣判之后，案卷材料的公开是司法公开的必然要求。然而，在诉讼进行中案卷材料能否公开值得探讨。人民监督员不同于刑事诉讼当事人或辩护律师等诉讼参与人，人民监督员对检察机关进行监督是人民监督的方式之一，允许人民监督员查阅有关案卷材料需要考虑其保密义务程度、违反保密义务时应如何处理问题。此外，人民监督员应有的知识和能力能否独具慧眼地发现案卷材料中出现的问题，允许查阅是否为充分发挥监督员监督价值的必要途径，有待实践检验。对于富有争议案件采取比较简易的听证方式，让控辩双方同时到场发表意见或是先后听取双方意见的建议是否

---

〔1〕 龙宗智："关于人民监督员制度的几个问题探讨"，载《人民检察》2005年第8期。

有违诉讼效率、是否浪费司法资源，听证方式对人民监督员监督评议的必要性也需要进一步探索。

（三）监督意见效力问题

自试点施行人民监督员制度之日起，对其监督效力的质疑和争论从未停歇。在理论层面上，该制度的公众参与性与检察机关的司法权独立原则存在一定程度的冲突；而在实践过程中又存在诸多问题，使得人民监督员制度的成效存疑。

目前，监督效力处于一个相对不规范的状态。明确地说，监督效力的疲弱更多地体现在此项制度中关于监督救济程序的问题上。最初，人民监督员闭门评议结果出来之后，若与办案部门的意见一致，案件将按照相关规定继续进行；若不同意办案部门的意见，相关材料将被报送同级人民检察院的检察委员会，由检委会作出决议，检委会的意见与监督意见一致的，办案部门按照检委会的决议继续推进；若检委会反对监督意见，案件相关材料将被报送上一级人民检察院复核，复核裁决为最终裁决。2015年《深化人民监督员制度改革方案》要求"承办案件的人民检察院应当对人民监督员的表决意见进行审查。检察长不同意人民监督员表决意见的，应当提交检察委员会讨论决定"。而《人民检察院办案活动接受人民监督员监督的规定》第18、19条规定："人民监督员监督检察办案活动，依法独立发表监督意见，人民检察院应当如实记录在案，列入检察案卷。""人民检察院应当认真研究人民监督员的监督意见，依法作出处理。监督意见的采纳情况应当及时告知人民监督员。人民检察院经研究未采纳监督意见的，应当向人民监督员作出解释说明。人民监督员对于解释说明仍有异议的，相关部门或者检察官办案组、独任检察官应当报请检察长决定。"上述规定符合检察机关的性质，有一定的合理性。然而，当人民监督员的监督意见与办案部门意见不一致或者人民监督员的意见与检委会的意见不一致时，有可能最终的决定权仍然掌握在检察机关手中。特别是检察机关的决定已经两次与监督员评议意见相抵触意味着分歧之大。在这种情况下不是选择一个中立的机构作出最终裁定，而是由作为冲突矛盾一方的检察机关作出最终决定，从侧面也反映了人民监督员之监督意见法律效力低下，只能延缓检察机关之决定通过的时间，要从实质上改变检察机关作出的错误决定几乎是不可能的。人民监督员只有提出意见的权利，认可和不认可在检察机关，最终的决定权和变更权也在检察机关手里。只有检察机关认可并且愿意改变自己的错误决定时，人民监督员的作用才能得到体现，而如果检察机关不认可监督意见或不愿意改变自己的决定，监督员的意见再合法合理都是空文，监督意见几乎起不到任何作用，其法律效力微乎其微。[1]因而，确定人民监督员监督评议的法律效力十分必要。

## 二、人民监督员监督评议程序的完善

### （一）完善抽选人民监督员信息库与抽选机制

人民监督员的抽选，可以考虑在信息库中进行分门别类的划分。具体做法是在建立人民监督员总的信息库的同时，也设立分门别类的分库。这些分库的产生标准主要是人民监督员的职业、性别、专业知识等。对于被监督的普通案件，直接从总库中抽选出人民监督员进行监督；但如果有些案件具备不同于

---

〔1〕 何自荣、成虹："我国人民监督员制度的问题与对策探究"，载《昆明理工大学学报（社会科学版）》2015年第1期。

普通案件的特点或者案件相关人申请由具有一定特征的监督员进行监督时，则可以从特殊的人民监督员分库中抽选一定数量的人民监督员。比如，某些案件的犯罪嫌疑人为女性，那么在抽选参与监督案件的监督员时，可以考虑抽选一部分女性候选人。再比如，人民监督员在监督阻碍律师依法行使诉讼权利的情形时，可以从具有法律专业知识的人民监督员库中抽选。[1]

　　在抽选机制的问题上，有的观点认为，应当采取"每案一抽"的抽选机制，具体做法是只要存在需要监督的案件，司法行政机关就要从信息库中随机抽选监督员。待监督其他案件时，则要再次抽选人民监督员。也有观点认为，上述做法既耗费时间又耗费精力，不应该具体运用到实践中。完全可以随机打乱人民监督员名单，按序号对名单中的人员进行编排，列出一定时间内的人民监督员"值班表"，在监督具体案件之前就先确定好监督顺序。当某些案件需要进行监督时，司法行政机关按照名单上序号的顺序通知各位监督员。已经监督过案件的监督员在以后有新的案件需要监督时，将被排除出通知名单，司法行政机关自动顺延通知其后面的人参与监督。

　　在实践中，某些地方结合实际探索了相对灵活的随机抽选模式。如根据案件监督需要，实行分区域、分专业抽选；在抽选时，将参加过监督的人民监督员自动屏蔽，实现人民监督员均衡履职；对于重大复杂案件，在市级司法行政机关组织抽选的基础上，邀请省级人民监督员参加监督评议，由省司法厅在信息库中随机抽选。这些抽选方式使参与案件监督的人民监督

---

　　〔1〕　王磊、曾志滨："人民监督员选任管理方式改革制度研究"，载《中国司法》2015年第10期。

员构成更为合理，提高了监督实效。同时需要积极开发建设"体系完整、上下衔接、左右联动、开放共享，覆盖中央、省、市、县四级"的全国人民监督员管理信息系统，通过该系统的统一建设、统一应用，完善全国人民监督员信息库，做到人民监督员履职抽选全部在线完成，实现各级司法行政机关和检察机关的信息共享及协同联动，加强人民监督员管理工作规范化、精细化、智能化建设。[1]

（二）加大监督程序的开放性

在加大监督程序开放性问题上，学者提出不同建议，大致如下：

1. 监督程序的启动主体应当是多元且有一定程度的主动性

人民监督员监督程序的启动是检察机关在办理具体案件过程中，发现属于需要监督的案件时，由被监督者通知监督者而被动启动，这种过于单一的启动主体不利于人民监督程序的开展。人民监督员启动程序可以分为"刚性启动"和"柔性启动"两种启动模式。

所谓"刚性启动"是指监督员在监督检察机关办理职务犯罪案件时，对于"拟撤销案件的""拟不起诉的""犯罪嫌疑人不服逮捕决定的"案件应当自动进入监督程序。因为从实践来看，以上情形的启动往往有直接启动的特点，也是人民监督员监督案件时最常见的情况。而且这类案件更加关系到犯罪嫌疑人、被告人和受害人的切身利益，理应越过重重复杂条件，直接进入监督程序。

---

〔1〕 李海洋："人民监督员制度改革渐入佳境"，载《中国商报》2017 年 8 月 31 日，第 5 版。

　　另外需要考虑"柔性启动"模式。所谓"柔性启动",实际上是相对于"刚性启动"而言的。在诉讼程序中属于可能发生也可能不会发生的情形,如果贸然地规定直接进入监督程序似乎也不太具有可操作性,因此是否启动监督程序应该是依靠监督员自身对于这些案件情况的了解,在洞悉情况之后,再进一步作出是否申请监督的决定。在"柔性启动"方式之下,也可以考虑由犯罪嫌疑人以及其他的案件相关人员申请启动的模式。具体做法为犯罪嫌疑人或者其他案件相关人认为人民检察院在办理案件的过程中侵犯了其自身合法利益,则可以请求人民监督员启动案件监督程序,监督员在合议之后作出是否向检察机关申请启动监督程序的决定。

　　2. 应当扩大监督评议信息来源

　　考虑到封闭式的监督过程不利于人民监督员获取案件信息,有必要让监督员身临其境感知案情,在充分认知案情之后作出自己客观的事实认定和公正的价值判断。在人民监督员监督程序启动之后,首先让监督员查阅案卷材料以便了解案情,随后再由检察机关案件承办人介绍情况和回答问题,之后监督员还应分别会见当事人各方,询问和了解相关案件细节,并听取案件当事人各方以及律师的意见。重大案件之监督员必须旁听案件审讯过程,在此基础上出具客观公正的监督意见书。[1]

　　在实践中,湖南省检察机关的试点工作在探索人民监督员之监督新途径方面已有创新性举措:

　　第一,邀请人民监督员参加不起诉案件听证会。例如,长沙县院邀请人民监督员参加湖南信息科学职业学院皮炎辉等7

---

〔1〕何自荣、成虹:"我国人民监督员制度的问题与对策探究",载《昆明理工大学学报(社会科学版)》2015年第1期。

名大学生聚众斗殴案的听证会，通过听证后作出不起诉处理，从而挽救了在校大学生，起到了教育、惩戒作用。

第二，邀请人民监督员直接参与案件讨论。人民监督员参与案件讨论，既可以促使检察机关依法办案，又可以发挥人民监督员的广泛代表性，站在公正的立场上为检察机关办案提供有力的支持。例如，长沙县院在审查批捕范四清等 3 人故意伤害案时，主动邀请人民监督员参与案件讨论，在充分听取人民监督员的监督意见后，依法对该案作出了不捕决定，社会反响很好。

第三，建立旁听讯（询）问制。人民监督员在履职过程中，经检察长批准，可以旁听办案人讯问犯罪嫌疑人、询问证人、听取有关人员陈述及律师的意见，以获取"五种情形"的信息。例如，洪江区检察院邀请人民监督员对讯问进行旁听监督，人民监督员还单独听取了犯罪嫌疑人对检察机关是否依法办案的情况反馈。

第四，实行人民监督员接待日制度。每月安排一个接待日，由人民监督员轮值接待来访群众，听取其对检察工作的意见。

第五，实行人民监督员例会制度，建立多方联席会议制度。每季度召开一次人民监督员座谈会，向其通报检察机关的执法办案情况和重大工作部署及决策。在查办重大犯罪案件时，案件承办部门负责人及承办人邀请人民监督员深入发案地，与当事人或家属召开多方联席会，通报案件办理情况。

另外，各地还采取邀请人民监督员参加检察机关的执法检查、执法质量考评、检察工作调研、涉检上访息访（如湖南省长沙市人民检察院）等方式，让人民监督员能够及时掌握检察执法情况。湖南邵阳市人民检察院更是向社会公布了人民监督员的姓名、电话，方便群众反映检察执法中的问题。这种创新做法，保障了人民监督员的知情权，拓宽了人民监督员的监督渠道。通过主动接受人民监督员的监督，全省检察机关的执法水平、办案质量、执法透明度和公信度有所提高，查办职务犯罪的有效外部监督机制正在形成，[1]这一做法可以通过规范予以固定化并形成制度意义的程序规范。

　　在强调加大监督程序开放性之外，也有观点提出应当对人民监督员制度增加一定的抗辩色彩，仿照控辩审三方参与的机制，由人民监督员作居中裁判，犯罪嫌疑人与追诉方作为对立方相互辩论。[2]有学者评判地指出，"在设置人民监督员制度时过多关注该制度对检察机关自身执法行为的监督和制约，没有更多考虑到受该制度影响的相对人的权益。"[3]有学者认为，监督程序不适宜设计为抗辩式，理由在于："其一，监督案件尚在刑事诉讼的审前阶段，检察机关仍然在行使国家追诉权，根本不存在控辩双方平等的前提；其二，完整的抗辩程序会极大增加检察机关的负担，以致影响检察权行使效率；其三，会将监督权不适当扩张为审查裁判权，导致监督性质异化。"[4]同时也要指出：其一，增强对抗的目的并不仅仅在于保护犯罪嫌疑人的权益。听取各方的意见，是履行监督职权的应有之义。其二，考虑司法资源这一因素的正确思路不应该是只关注新制度是否增加了负担、影响了效率，而是要看消耗的成本能否带来足够的价值

---

　　〔1〕　卢乐云："背景与进路：深化人民监督员制度改革的理性思考"，载《法学评论》2009年第6期。

　　〔2〕　李卫东："人民监督员制度的实践思考"，载《人民检察》2005年第4期。

　　〔3〕　高一飞："人民监督员制度的正当性探讨"，载《贵州民族学院学报（哲学社会科学版）》2005年第1期。

　　〔4〕　周友苏、钟凯、李君临："关于完善我国人民监督员制度的若干思考——基于国家与地方立法的不同视角"，载《社会科学研究》2007年第6期。

以及是否会使该制度在司法实践中举步维艰、难以为继。[1] 从现实来看，目前将监督程序设置为抗辩式的想法大大超前于我国司法的发展程度，在实践中很难达到预想的效果。但是，在监督程序中适当地增加一定的抗辩色彩，如规定犯罪嫌疑人、辩护人有权向人民监督员表达自己的观点是可以实现的。[2]

（三）改革监督评议和表决程序

第一，在检察机关工作人员回避的情况下，可以随机抽选确定一名主持人，也可以通过无记名投票的方式，票数最多的人民监督员担任评议会议的主持人。主持人只负责表决和评议的程序问题，比如宣布评议的开始和结束、发放或者收回每个人的《人民监督员表决意见书》、统计表决结果等。同时主持人在评议或者表决时不得发表自己对案件的看法，不得私自修改其他监督员的评议和表决内容，做到公平公正。

第二，保障每个人民监督员的发言表决权，并配备记录员对会议发言做客观详实的记录，以确保每个人的监督意见都有处可寻，便于责任的区分。在人数设置上，建议不要过少。为此，《人民检察院办案活动接受人民监督员监督的规定》第18条规定："人民监督员监督检察办案活动，依法独立发表监督意见，人民检察院应当如实记录在案，列入检察案卷。"

第三，在人民监督员的评议和表决事项上，可以借鉴美国

---

〔1〕 正如有学者研究陪审制度时指出，"陪审制度的实行的确增加了诉讼成本，但关键是看这种成本的支出与陪审制度所能实现的价值相比是否不值得。如果实行陪审制度能极大地激发人民群众参与审判的意识，加快司法民主化进程，促进我国的民主法治建设，那么其价值无疑是巨大的，这种支出也是值得的。"参见姚宪弟：《构建中国特色的陪审制度》，兵器工业出版社2004年版，第176页。

〔2〕 也有学者提出，"应当改类似于报告式的监督模式为兼听式的监督模式。"参见周永年主编：《人民监督员制度概论》，中国检察出版社2008年版，第89页。

的大陪审团制度，将评议事项主要限定为案件的事实判断和程序正确与否；对于不可避免的法律适用问题，则可以借鉴日本检察审查会制度，引入律师协助制度。对于人民监督员在评议表决过程中出现的疑难法律适用问题，在律师的帮助下，可以避免误判的发生。

第四，在最后的表决过程中，采用无记名投票方式并确保每个监督员对案件表决享有相同的权利。在统计票数后按照少数人服从多数人的原则达成最终的案件监督决议。同时也可以借鉴人民陪审员制度，将反对意见写入监督决议。在充分保证每个人民监督员表达真实意愿的同时，也有利于促进表决的公正性和民主性。

（四）强化监督程序性效力

通观西方法治发达国家，在强化监督程序性效力方面具有代表性的为美国大陪审团与日本检察审查会制度。美国大陪审团签署的起诉书对检察官和法官均有法律拘束力，并且大陪审团的决定优于法庭在初次听证时所作的决定；如果法官在初次听证时已经确认没有充分理由予以起诉，而大陪审团签署了"应予起诉"，则被告人将被起诉；反之，如果法官在初次听证时决定被告人应被起诉，而后来大陪审团决定不应起诉，那么被告人将被释放。[1] 日本检察审查会的决议必须以书面形式并附理由送交申请人、检察官及有权指挥该检察官的检察长；检察审查会作出"应当起诉"决议后，如果检察官未起诉就要进行再次审查；如果再次审查后作出"应当起诉"决议，案件将被提起公诉。[2] 鉴于我

---

〔1〕　李义冠：《美国刑事审判制度》，法律出版社1999年版，第25页。
〔2〕　周永年主编：《人民监督员制度概论》，中国检察出版社2008年版，第68~71页。

国的实际情况，人民监督员的监督应明确定位为程序性效力。因为我国《宪法》第 136 条规定"人民检察院依照法律规定独立行使检察权，不受行政机关、社会团体和个人的干涉"，人民监督员制度也不应妨碍检察机关独立行使检察权，检察机关在其职权范围内应有独立作出判断及决定的权力。

人民监督员制度作为一种民众参与司法的制度，其对检察机关的决定所起的作用应当是"监督"而不是"改变"；应当是"补足性"的，而不是"替代性"的。如果对人民监督员的监督结果赋予了实体效力，那么将严重阻碍检察机关独立行使检察权，而人民监督员本身也因为分享了检察机关的权力而成了新的"被监督者"，如此，人民监督员制度的设立初衷也就不复存在了。但是为实现权力制约、民众参与司法的目的是相同的，应当吸取其成功的经验，强化监督的程序性效力。正如有学者所说，"认清人民监督员的监督意见既不应当作为一般的人民群众提意见，也不能代替人民检察院的专业处理和决定，不应当赋予强制约束力"，[1] 而应当介于二者之间，需要保留异议复核程序、增设检察机关不同意人民监督员意见的某些限制性条款、实行"检察机关对人民监督员意见审查和备案相结合"[2] 等

---

〔1〕 陈桂明："让人民监督员成为人民的眼睛"，载 http://theory.people.com.cn/GB/49150/49153/5465358.htm，最后访问日期：2007 年 3 月 13 日。

〔2〕 这是试点中的"株洲模式"加强监督效力的一种做法，即人民检察院不同意人民监督员监督意见的，应当将人民监督员的监督意见报送上一级人民检察院人民监督员办公室审核批准；人民检察院同意人民监督员监督意见的，应当将人民监督员的监督意见报送上一级人民检察院人民监督员办公室备案审查。这在一定程度上促使检察机关重视人民监督员的监督意见，使人民监督员的意见不仅是"参考意见"，充分发挥了人民监督员的监督评议作用。参见李宁等："株洲的人民监督员制度显威力"，载《湖南日报》2009 年 12 月 17 日，第 9 版。

措施，既防止监督意见的滥用，又能充分发挥其作用。[1] 因此，应当进一步完善救济程序，从而最大限度地保障监督效果的实现。

（五）完善人民监督员知情权保障与保密义务配套制度

在人民监督员知情权保障机制方面，人民检察院在办理直接受理立案侦查案件中，应当在第一次讯问犯罪嫌疑人或者对其采取强制措施时告知犯罪嫌疑人有关人民监督员监督事项。人民监督员在接待属于本院办理的直接受理立案侦查案件的控告人、举报人、申诉人时，应当告知其有关人民监督员监督事项。人民检察院应当保障人民监督员履行监督职责，认真对待人民监督员提出的意见和建议。为使人民监督员充分了解案件情况，要求案件承办人介绍案情时应当本着全面客观、条理清晰、逻辑严谨、语言通俗易懂的原则进行解说。有条件的地方，可以充分利用多媒体技术进行介绍。在评议和表决阶段，案件承办人和相关工作人员应当回避，确保人民监督员独立、客观地发表意见。采取定期召开座谈会、走访、函询、邀请参加执法检查、专项活动等多种形式，认真听取人民监督员的意见、建议，并为人民监督员订阅、寄送检察业务资料，增进人民监督员对检察工作的了解，更好地用制度来保障人民监督员的知情权。

从另一层面上讲，怎样既能充分保证人民监督员发挥监督作用，同时又不影响刑事诉讼在法定时限内顺利运行是值得考虑的难题。从以往情况来看，如何做到使具体履行人民监督员职责的人，及时了解参与监督的案件具体情况和相关法律规定，并且为其思考检察机关的处理意见是否合法留有必要的时间是现

---

[1]　龙婧婧：“《最高人民检察院关于实行人民监督员制度的规定》评析”，载《江苏警官学院学报》2012 年第 2 期。

实难题。为了确保人民监督员能够及时提出正确的结论性意见，除了尽可能提前告知案情和法律规定外，可以考虑在必要时，允许案件当事人接受人民监督员对案件事实的询问，这有助于人民监督员维护当事人的合法权益，并对案件处理形成比较客观的处理意见，真正发挥监督作用。在实践中，应将案件的保密工作和人民监督员的知情权结合起来，找到两者间的平衡点，既要防止人民监督员仓促监督，也要确保案件保密事项的严格保护。[1]

应当说，保障人民监督员对拟监督事项和监督案件的知情权是人民监督员制度能够真正发挥作用产生实效的根本前提，但同时也要注意做好案件保密工作，有必要对监督员施加必要的保密义务以及违反保密义务的具体处理规定，兼顾好知情权与保密义务二者的平衡。人民监督员不同于国外的陪审团成员，其主要工作职责是对检察机关的工作人员在办案过程中可能出现的失职行为进行监督，主要涉及法律的适用以及诉讼程序上的审查，而非仅对案件事实进行认定。因此在接下来的监督程序中，有必要对知情权范围作出比较规范的规定，根据监督案件的不同类型和性质，对知情权范围作出合理科学的界定。比如对于监督过程中不需要完全披露案件事实的案件，则可以根据该类案件的具体情况、保密程度来决定披露案件事实的多少。

同时还可以采取"事前、事中、事后"三种方式建立相应的保密机制。

第一，事前措施，是指对于重大的职务犯罪案件，可以在监督之前对参与监督的人民监督员的身份进行核实，确保其身

---

〔1〕 张建升等："检察机关全面推行人民监督员制度的现实路径与未来展望"，载《人民检察》2010 年第 23 期。

份的"纯净性",同时在其履行职责之前签订《保密承诺书》,明确列明监督人员的保密义务、追责条款等。

第二,事中措施,是指保证案件的监督过程在秘密、集中的情况下进行,在人民监督员形成最终的监督评议意见之前,应当确保监督过程不被干扰、打断、窃听,防止案件信息在监督过程中泄露的情况发生。

第三,事后措施,是指建立事后追责机制。一旦监督人员在监督案件的过程中出现了泄露案件信息的行为,检察机关发现后应立即向司法行政机关通报,追究泄密人员的行政责任,符合犯罪条件时甚至可以追究其刑事责任。

### 三、我们的研究

人民监督员展开评议程序,由司法行政机关进行随机性的抽选,其目的是为了保证人民监督员的监督能够顺利有效地进行。虽然人民监督员评议制度在不断健全,但某些方面仍需进一步完善。目前的规定虽然较之以前,其公正性有所提高,但仍存在一些可以完善的空间:首先,如何保证选任人员真正独立于检察机关,不受到检察机关的影响,依旧是亟待解决的问题;其次,抽选出的人员是否有能力担当监督员,能否在所监督的案件中产生实际效果则有待考察。

在监督评议程序中,对于检察委员会反对监督意见,案件相关材料将被报送上一级人民检察院复核,曾改变以同级检察委员会的决定为最终决定的做法并对复议程序进行了规范,主要为组织案件监督的人民检察院决定与人民监督员表决意见不一致的,人民监督员办事机构应当会同案件承办部门向参加监督评议的人民监督员作出必要说明。人民检察院的决定经反馈后，参加监督评议的多数人民监督员仍有异议的，可以在反馈之日起 3 日内向组织案件监督的人民检察院提出复议。组织案件监督的人民检察院应当在收到人民监督员提出的复议要求之日起 30 日内作出复议决定，并于复议决定作出之日起 3 日内反馈要求复议的人民监督员和承办案件的人民检察院。人民检察院作出的复议决定为最终决定。复议决定与人民监督员的表决意见仍不一致的，负责复议的人民检察院应当向提出复议的人民监督员说明理由。复议程序是人民监督员不服检察机关决定的救济方式，该程序的存在有利于更为充分地发挥人民监督员制度的法律功能。然而，《人民检察院办案活动接受人民监督员监督的规定》不仅没有吸收原有的规定，而且还删除了复议程序。关于复议程序存废在实践中的反复，反映出多种法律价值选择的艰难。首先，根据前文提及 2003 年到 2010 年的试点数据可知，检察机关在实践中采纳人民监督员意见的比例大概占64% 左右。在此前提之下，若出于程序设置的经济性考虑，是否单独设立复议程序确需斟酌。但从监督效力本身来说，复议是强化"监督"之程序性效力的重要手段，同时也为犯罪嫌疑人提供更为完整的程序救济，这一程序的存在可以说利大于弊，对此有待于继续研究与探索。

### 相关依据

《深化人民监督员制度改革方案》

二、重点任务

……

（四）完善人民监督员监督程序

1. 规范参与案件监督的人民监督员的产生程序。参与具体案件监督的人民监督员，由组织案件监督的人民检察院会同司法行政机关从人民监督员信息库中随机抽选产生。被抽选出的人员是本案当事人近亲属、与本案有利害关系或者担任过本案诉讼参与人的，不得担任该案件的人民监督员。抽选结果确定后，司法行政机关应当及时告知被抽选出的人民监督员，说明相关事项，并为其开展监督工作提供相应便利。

2. 完善案件材料提供和案情介绍程序。案件监督前，应向人民监督员提供充分的有关案件事实、证据和法律适用等材料；案件监督中，应全面客观地介绍案件事实、证据认定、法律适用以及对案件处理的不同观点和意见。必要时，人民监督员可以通过收听收看讯问犯罪嫌疑人相关录音录像了解当事人的意见。

3. 完善人民监督员评议表决和检察机关审查处理程序。人民监督员对所监督案件独立进行评议和表决，制作《人民监督员表决意见书》，说明表决情况、结果和理由。承办案件的人民检察院应当对人民监督员的表决意见进行审查。检察长不同意人民监督员表决意见的，应当提交检察委员会讨论决定。检察委员会应当根据案件事实和法律规定，全面审查、认真研究人民监督员的评议和表决意见，依法作出决定。检察长或者检察委员会的处理决定应及时告知参加监督的人民监督员。检察委员会的最终处理决定与人民监督员表决意见不一致的，应当向参加监督的人民监督员作出必要的说明。

4. 设置复议程序。人民检察院处理决定未采纳多数人民监督员评议表决意见，经反馈说明后，多数人民监督员仍有异议的，可以提请人民检察院复议一次。

**《人民检察院办案活动接受人民监督员监督的规定》**

第18条　人民监督员监督检察办案活动，依法独立发表监督意见，人民检察院应当如实记录在案，列入检察案卷。

第19条　人民检察院应当认真研究人民监督员的监督意见，依法作出处理。监督意见的采纳情况应当及时告知人民监督员。

人民检察院经研究未采纳监督意见的，应当向人民监督员作出解释说明。人民监督员对于解释说明仍有异议的，相关部门或者检察官办案组、独任检察官应当报请检察长决定。

第20条　人民检察院邀请人民监督员监督办案活动的，应当根据具体情况确定人民监督员的人数。

第21条　省、自治区、直辖市人民检察院和设区的市级人民检察院接受人民监督员监督办案活动的，由本院协调联络同级司法行政机关抽选人民监督员并组织开展监督；基层人民检察院或者直辖市人民检察院分院接受人民监督员监督办案活动的，由设区的市级人民检察院或者直辖市人民检察院协调同级司法行政机关抽选人民监督员，具体联络、组织开展监督等工作由基层人民检察院或者直辖市人民检察院分院负责。

第22条　人民检察院人民监督员工作机构根据本规定第八条规定拟安排人民监督员开展监督活动，应当组织、协调相关部门或者检察官办案组、独任检察官在工作中予以配合。相关部门或者检察官办案组、独任检察官也可以视具体工作，主动邀请人民监督员依照本规定进行监督，并提前告知人民监督员工作机构做好联络安排工作。

人民监督员工作机构应当通知相关部门或者检察官办案组、独任检察官提供与监督有关的材料并及时送交人民监督员。

第 23 条　人民检察院应当提前将邀请参加监督活动的人民监督员人数、监督时间、地点以及其他有关事项通知同级司法行政机关，由司法行政机关依照相关规定，从人民监督员信息库中随机抽选和联络确定参加监督工作的人民监督员。

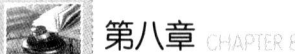

第八章 CHAPTER 8

# 人民监督员的权利保障

　　人民监督员行使监督权受法律保护。保障人民监督员应有的权利是人民监督员制度得以有效运行的重要方面。在现行的人民监督员制度规范中，对人民监督员权利的规定相对分散，同时在权利范围与履行职责方面还应进一步拓展，尤其是扩充权利行使的空间。人民监督员的权利主要体现为人民监督员对办案参与及其监督权利，包括知情权、监督权、提请复核权、人身自由权和获得报酬权。这些权利既包括实体性权利，也包括程序性权利。无论哪种权利均需要法律予以保障，同时还需要设置排除妨碍权利行使的措施。

　　人民监督员作为监督主体，其履职情况有赖于人民监督员的权利能否得到充分有效的保障，其基础问题有赖于赋予其的权利是否足够以及行使权利的程序正当，以保障其权利不被虚置并能够获得有效性。

## 一、人民监督员的权利保障现状

　　人民监督员行使监督权受法律保护。人民监督员制度赋予了人民监督员监督案件的权利，但这种有权监督并不等于有效监督。监督权的有效行使要以人民监督员的权利得到充分的保障和行使为基础。在人民监督员的制度设计中，赋予了人民监督员了解权、询问权、建议权、评议权、表决权等监督权利。在监督案件过程中，既要向人民监督员介绍案件认定、主要证据和法律适用等情况，也要介绍当事人、辩护人意见，从而保证在监督评议过程中做到兼听则明、全面客观。

人民监督员的履职权利不同民事权利的行使，可以消极的行使或者放弃，在一定意义上属于一种履行职责行为。现有的规定加强了对人民监督员的履职权利保障，但仍有诸多需要解决的问题。例如，人民监督员的权利缺乏刚性，在真正遇到缺乏证据、案件存在疑点或调查有问题的疑难案件时，人民监督员还不能有效行使其监督职能。因此，人民监督员权利保障需要一定的刚性，以便履职的有效性。那么，怎样把人民监督员这项制度做得更实、更规范？张军检察长在 2019 年 12 月 17 日最高人民检察院召开人民监督员代表座谈会上表示，"要以高度的政治自觉、法治自觉、检察自觉，全面正确落实人民监督员制度。要准确把握监督范围的广泛性；要准确把握监督方式的多样性；要准确把握监督程序的简便性；要准确把握监督意见的约束性。"[1]

## 二、人民监督员的权利保障措施

### （一）任职保障

为保障人民监督员正确地履行职责，独立地行使监督权，

---

〔1〕　邱春艳、孙风娟："人民监督员制度如何融入国家治理 最高检召开座谈会问计64 名人民监督员"，载《检察日报》2019 年 12 月 18 日，第 1 版。

同时为激励人民监督员能够积极地投入工作，稳定和不断壮大监督员队伍，必须建立人民监督员保障制度。这种保障制度主要包括身份保障制度、人身安全保障制度和经济保障制度。

所谓身份保障，是指人民监督员在聘任期间内，除非出现可予以解聘的情形，检察院不得随意取消其资格，正在参与案件监督的监督员，除非发现应当回避的事由，检察院不得随意更换，以保障监督工作的连续性，维护制度的严肃性。[1] 为保证人民监督员充分有效履行职责，人民监督员一经选任并公示，在任期内便不得随意更换（本人主动辞职除外），只有依法定条件，即人民监督员受到严重的党纪政纪处理、刑事追究或者其他不宜履行职责（如健康原因、违反监督员纪律制度）等情形时，才能解除其职务。

所谓人身安全保障，是指人民检察院必须对正在参与案件监督的人民监督员的身份保密，并采取一定的措施，防止案件当事人及不法分子对人民监督员进行打击报复。如果人民检察院作出不起诉决定，但人民监督员认为决定错误的，则需要经过一定的监督程序对案件进行复查。不管人民检察院是否接受人民监督员的评议结果，如果不能为监督员保守身份秘密，会对其人身安全带来一些风险。

另外，为正在参与案件监督的人民监督员保密，也是为了防止外界对人民监督员工作造成干扰。有学者建议增加"独立发表意见权"，以保证人民监督员能够"仅以事实为依据、法律为准绳充分发表自己的监督意见"。[2] 如果人民监督员不能独

---

〔1〕 张浪："关于人民监督员制度理论和实践问题的探讨——从人民监督员的视角分析"，载《中国司法》2004 年第 12 期。
〔2〕 刘曙光："论人民监督员制度的法制化"，安徽大学 2007 年硕士学位论文。

立发表意见，应该主要是出于对自身安全的顾虑。[1] 为了保证人民监督员能够独立发表意见，仅仅依靠"人民监督员享有独立发表意见和表决的权利"，"不得诱导、控制、规避人民监督员对案件的监督；不得干扰人民监督员对案件的评议和表决"的规定是远远不够的，必须以其安全保障机制为前提。人民监督员制度在行使监督权时，面对有权有势的职务犯罪嫌疑人及其背后复杂的关系网，人民监督员很难有足够的安全感。有学者认为，人民监督员对安全的顾虑是其认真履行职责的一个潜在障碍，"如何消除人民监督员的顾虑，提供有效的人身安全保障机制，是该制度完善应当考虑的问题之一。"[2]《人民检察院办案活动接受人民监督员监督的规定》第 24 条规定了"不得违反规定泄露人民监督员监督办案活动情况"。为了促使人民监督员安心履行监督职责，绝非"出了事我替你报仇"的许诺能够满足的，应当建立消除风险的机制。国外相关制度可作为参考。

　　美国将陪审员与外界相隔离的方式和日本由 11 人之多的检察审查员对案件进行评议的做法之初衷是为了保证程序上的公正，却又都在一定程度上起到了保障陪审团成员或检察审查员安全的作用。当然，在案件评议期间将人民监督员完全封闭起来并不现实，但增加评议人数以降低人民监督员安全风险的做法不乏为现实可行的措施。因此，解决人民监督员履行职责的安全保障问题需要关注以下两方面：其一，在增加具体案件人民监督员评议人数的基础上，规定表决采用无记名方式并对人民监督员监督意见和评议过程保密，只公开最终的决定。其二，

　　〔1〕　这里的"安全"并不限于人身安全，还包括人民监督员对其本职工作、社会生活等其他可能被制约的方面产生的顾虑。
　　〔2〕　徐昕："司法改革中的合作主义——人民监督员调查札记"，载卞建林主编：《诉讼法学研究》（第 14 卷），中国检察出版社 2008 年版，第 223~237 页。

以纪律处分和法律责任为后盾，明确违反上述规则、阻碍人民监督员履行职责或者打击报复行为的违法成本。只有从制度机制上降低人民监督员履行职责的风险，并辅之以对侵犯人民监督员安全或者干扰人民监督员独立履行职责的行为进行严厉惩罚，才能真正保证人民监督员毫无顾虑地行使监督权进而保证人民监督员制度有效实施。

　　所谓经济保障，是指国家应当拨出经费来保障人民监督员正常工作的顺利进行。人民监督员制度是一项新制度，履行职责均涉及财政开支问题。人民监督员因参加监督评议工作所产生的费用，由组织案件监督的人民检察院的同级司法行政机关按照规定予以保障，即人民监督员因履行职责所支出的交通、住宿、就餐、通讯等费用，人民检察院应当给予适当补助，将人民检察院开展人民监督员工作所必需的经费列入人民检察院检察业务经费保障范围。但有学者通过调查研究发现，"各地能否顺利地申请到这笔经费，取决于检察机关与当地政府有关部门的协调程度。"[1] 人民监督员作为检察机关的监督者，由被监督者进行补助就摆脱不了"检察机关花钱请人监督"之嫌，而且目前司法机关经费不独立的问题尚且没有得到真正的解决，检察机关自己都在为保障经费而呐喊，将人民监督员制度的经费置于检察系统的业务经费之内，前景堪忧。何况，"由被监督者供养的监督者，确实可能存在'吃人嘴软，拿人手短'的问题，不仅对监督效果会产生一定影响，而且公众对人民监督员制度的信任度也会大打折扣。"[2] 应该说，对于经济补助问题，人民监督员制度与人民陪审员制度基本保持一致。人民陪审员

〔1〕 刘宜俭："检察机关人民监督员制度研究"，黑龙江大学 2005 年硕士学位论文。
〔2〕 刘宜俭："检察机关人民监督员制度研究"，黑龙江大学 2005 年硕士学位论文。

制度在此方面也难以为继，其原因之一就是经济因素导致人民陪审员不愿意去参加审判。虽然相关规定已经明确要求相关单位不得克扣或者变相克扣其工资、奖金及其他福利待遇，但是如何切实保障人民监督员制度的经费，进而保障人民监督员的权利是无法回避的现实问题。

《深化人民监督员制度改革方案》针对上述问题规定了"选任管理人民监督员相关工作经费纳入司法行政业务经费预算予以保障"。这一规定将人民监督员的监督工作从检察机关的手中脱离出来，有利于其对监督权的行使，但在人民监督员参与监督工作产生的各项费用如何保障上依然没有一个具体的操作模式，需要在实践中具体落实。随后《人民监督员选任管理办法》就对此加以细化，指出"司法行政机关应当将人民监督员选任管理及履职相关工作经费申报纳入同级财政经费预算，严格经费管理"，且对其"因参加监督评议工作而支出的交通、就餐等费用"予以补助。《人民检察院办案活动接受人民监督员监督的规定》第 27 条规定："人民监督员监督检察办案活动的经费，除依照相关规定由司法行政机关予以补助外，列入人民检察院检察业务经费保障范围。"根据宪法原理，国家的预算是法律保留的，也就是说，国家立法机关制定的法律之执行是应当得到国家预算支持的，国家的立法权和预算批准权都是由一个国家的立法机关来行使，其他国家机关无权决定预算，也不享有国家立法权。因而，要想人民监督员工作以及人民监督员本身得到相应的资金支持，最好的方法就是有一部"人民监督员法"，国家立法机关根据这部法律在国家预算中专项列出这笔开支。[1]

---

[1]　王磊："论人民监督员制度的法律化"，载《人民检察》2006 年第 15 期。

（二）知情权保障

知情权是人民监督员据以开展监督活动的前提，无论是人民监督员主动提起监督的情形还是检察机关启动监督程序的情形，都需要保障人民监督员的知情权。

就实践情况而言，作为监督对象的检察机关控制着案件信息，而监督主体则处于被动获悉信息的状态。人民监督员与检察机关的信息不对称，人民监督员获取信息的渠道狭窄，其必要的知情权得不到充分保障，使得其监督工作成效受影响。人民监督员的监督效力薄弱，其重要原因之一源于信息不对称。要加强对案件的监督效力，扩大信息渠道是必由之路，因为检察机关不可能主动把案件问题拿出来交给人民监督员监督。而实践中部分地方尝试让人民监督员参与检察长接待日，回访犯罪嫌疑人、受害人，参与接受申诉、涉检信访等都是有效的方法。《人民检察院办案活动接受人民监督员监督的规定》第16、26条规定："人民检察院应当建立健全检察工作通报机制，向人民监督员通报重大工作部署、司法办案总体情况以及开展检察建议、案件质量评查、巡回检察等工作情况，听取人民监督员的意见建议。人民检察院应当加强人民监督员监督工作信息化建设，为人民监督员实时了解相关司法办案信息提供技术支持。"但需要注意的是，人民监督员的知情权范围需要谨慎把握，如果介入检察工作过深，一旦人民监督员有不当行为，就有可能使检察机关陷入被动。

（三）调查权保障

人民监督员由于没有职业化的依托，在履行自己职能时，时常出现被动履职的现象，而造成这种现象的原因主要是人民监督员在履行监督职责时未有与之相应的权利。一般而言，需要监督的案件有些为大案要案或者社会敏感度较高的案件，有些案件是寻找证据需要较长时间，案件资料的数量甚多，只查阅案件资料就需花费较长时间，更何况只看材料并不能保证能够真实地了解情况。没有调查权的监督容易流于形式，因此赋予人民监督员必要的调查权是必要的。

对于人民监督员的调查权，需结合我国法治发展和社会需求赋予人民监督员一定的调查权，使原本的被动监督变为主动监督，也可以使原本的事后监督变成事中监督加事后监督，这种"参与式"的监督方式所带来的履职形式的转变不仅有利于调动监督人员的积极性，也可以丰富监督手段，保证监督效果。这里所说的调查权不像检察机关和公安机关的调查权那样贯穿案件的全过程，它只是在立案、侦查、逮捕等关键环节实施，调查手段也比较简单，如单独询问犯罪嫌疑人执法人员的执法行为是否有程序上的瑕疵等。当然这种调查权应该被严格加以限制，以防止过度干预司法权力。[1]

（四）平等权与豁免权

在同等权的问题上，许愿赋予了人民监督员同等的"表决权"。实践中的无记名投票的表决方式尽管可以保障人民监督员的平等权，但只有落实评议及发表意见的平等，才能杜绝身份、地位、学位高或者法律知识多的人发表的意见效力更强的情况。为了保证人民监督员敢于表达观点并敢于表达自己的观点，地方立法应对人民监督员的豁免权和平等权作出规定：一方面，明确人民监督员进行监督评议、提出意见的发言不受追究且不

---

〔1〕 向泽选："检察工作主题的更新发展"，载《人民检察》2013 年第 21 期。

得因此被解聘;[1] 另一方面，在一人一票、表决权平等的基础上，规定并适时告知人民监督员具有平等的发言机会，人民监督员发表的监督意见效力平等。

然而，也存在相反的一种观点，即不可以对人民监督员赋予过多的权利，否则会使人民监督员失去本来的职能性质，使其成为权力施加压迫的工具。持这样观点的人认为，民众参与司法虽然有很大的优越性，但也受到诸多因素的不良影响。从国外的大陪审制发展历史可以看出，陪审制并没有达到预设的效果，除美国外，其他世界各国陪审制的适用范围都在呈日益缩小的趋势。美国大陪审团、日本检察审查会虽然一定程度上发挥制约检察权的效力，但其成员都是从具有选举权的公民中挑选产生的，且都是犯罪区域内的公民，其对社区秩序往往更加关注，不可避免地更倾向于指控犯罪，美国大陪审团更被称之为检察官的"橡皮图章"。同样，我国的人民监督员也可能基于对职务犯罪的"不满"，使一些本不应起诉的案件进入审判。如果不加限制地依靠民众审查决议，参与司法不但不能成为防止权力滥用的手段，相反可能成为权力施加压迫的工具。从这个意义上讲，民众参与司法的作用不应是"替代性"的，而应是"补足性"的，更确切地说，应当是"查漏补缺"的性质。从人民监督员制度的性质定位来看，它也只应具有程序上的拘束力，不能具有实体上的拘束力。其监督结果只能通过检察机关的内部程序设计、民主机制、检察长的判断能力和上级检察机关的权力监督发挥效力。否则，将会导致人民监督员干预检

---

[1] 关于这一点，在试行过程中已经有了积极的探索，如《上海检察机关人民监督员制度实施工作细则》要求"人民监督员依照本工作细则进行的监督活动不受干预和追究"。这在地方立法中值得借鉴。

察权的独立行使，且其自身也因分享了检察权而具有了权力的性质，成为需要被监督的对象，从而再次陷入"谁来监督监督者"的困境。因此，在推进人民监督员制度完善过程中，在其权利保障上应坚持其程序性价值，不可顾此失彼。

## 三、我们的研究

### （一）人民监督员权利保障措施的完善

综合上述观点，可以发现，人民监督员制度的实行对促进检察机关提高办案质量具有十分重要的价值，对于促进权力的正确行使具有积极的意义。但就人民监督员制度现有规定而言，人民监督员监督案件时应当具备的权利有待进一步完善，既要兼顾人民监督员的知情权、调查权、平等权等以保障其履职不受过多的干扰，也要相应地限制过度放权，防止导致人民监督员过度用权影响监察权的正常行使。

人民检察院应当为人民监督员履行职责提供必要的工作条件，也可以要求人民监督员列席有关会议，参加有关活动、了解检察工作情况。但人民检察院不得扩大或者缩小案件监督范围，不得诱导、控制、规避人民监督员对案件的监督，不得干扰人民监督员独立对案件的评议、表决，不得泄露人民监督员的评议、表决情况。对打击报复或者阻碍人民监督员履行职责的，应当交有关部门依法依纪给予处理，构成犯罪的，依法追究刑事责任。人民监督员在履行职责过程中有违法违纪行为的，人民检察院应当建议司法行政机关对其进行处分，构成犯罪的，应当依法追究刑事责任。人民监督员因参加监督活动应当享受的补助及为实施人民监督员制度所必需的开支，列入人民监督员业务经费，纳入财政预算。

　　人民监督员的权利保障应通过地方立法提供有力的法律制度保障。考虑到监督范围性质的不同，地方立法可以先行对其分类规定。对于进行事前监督的案件，检察机关应当主动报送相关材料，人民监督员享有阅卷权和询问权；对于事后监督的案件，启动监督的线索主要靠群众举报或者其他社会途径，但监督程序启动以后，可以赋予其有限的调查权。此外，还可以辅之以要求检察机关定期主动报送相关材料的做法。[1] 因为检察机关主动靠拢起到了激发人民监督员积极性的效果，应该在立法与制度创新中加以推广和落实。对于人民监督员制度的完善，应当建立系统的人民监督员权利保障机制，使得人民监督员的权利保障形成一个完整的体系。

　　首先，知情权是人民监督员权利保障体系的前提。人民监督员基于何种意愿来监督？只能通过个案发表监督意见来监督，监督具体办案人员程序上是否合法，实体上是否依法。针对实践中人民监督员反映比较集中的案件知情渠道少、缺乏制度保障等问题，不仅要规定告知程序和案件台账制度，确保做到在第一次讯问犯罪嫌疑人或者对其采取强制措施时告知犯罪嫌疑人有关人民监督员监督事项，将立案情况、对犯罪嫌疑人采取强制措施情况以及查封、扣押、冻结涉案财物的处理情况等程序性信息详细登记在案，以供人民监督员查阅；对于被告知人向案件承办部门提出人民监督员监督申请的，案件承办部门要及时将该申请事项及相关材料移送本院控告检察部门。同时，

　　　　[1]　如四川广安市广安区检察院向人民监督员发出公开信，公布监督的内容、联系人及联系方式；邻水县检察院为加强"五种情形"的监督工作，制定了包括定期通报、建立个案备查、参与案件回访、审讯活动、案件评议观摩、向当事人告知等十项工作制度；华鉴市检察院则定期向人民监督员通报自侦案件和刑事赔偿案件等相关案件的办理情况，并向人民监督员发函征求对执法活动的意见和建议。

上级检察院要加强对下级检察院履行告知义务和落实台账制度的督促检查，确保制度落实到位。换言之，要想监督好，必须充分保障人民监督员的知情权，在具体个案监督时，赋予人民监督员充分阅卷、参与旁听讯问、询问等权利，以获得足够的知情权。

　　其次，独立表决权是人民监督员权利保障的基础。检察人员介绍完案情并出示过证据以后，承办案件的检察官和检察院记录人员应当退席，案情交由人民监督员独立评议。为了避免对人民监督员产生诱导性影响，检察人员除向人民监督员提供案情、证据、相关法律以及部门意见外，不应对案件作过分阐述，不给预期结果暗示，不发表针对具体案件的个人意见，防止其形成先入为主的思维定式。在表决过程中，采用无记名投票方式并确保每个监督员对案件表决享有相同的权利。在统计票数后按照少数人服从多数人的原则达成最终的案件监督决议。同时也可以借鉴人民陪审员制度，将反对意见也写入监督决议中。在充分保证每个人民监督员表达真实意愿的同时，也有利于促进表决的公正性和民主性。

　　再次，积极参与权是人民监督员权利保障的根本。在不干预检察院依法独立办案的基础上，可以先邀请人民监督员参与和列席个别有争议的案件的讨论，适当发表自己的言论。检察机关应当重视和尊重人民监督员的参与权，并创造机会让监督员在更为广阔的空间与检察机关一道捍卫法律监督职能，维护公平正义。同时，检察机关也应当为人民监督员履行职责提供必要的工作条件，可以根据监督工作需要邀请人民监督员列席有关会议、参加有关活动、了解检察工作情况。

　　最后，最终建议权是人民监督员权利保障体系的核心。虽然人民监督员的监督结果并不具有必然的正确性，但其作为一种批评和建议，通过刚性程序，应该赋予其约束力。这有利于帮助检察机关认真思考得出正确的判断或者纠正自身的错误。因此，应当强化和明确人民监督员监督意见的法律效力，明确人民监督员不同意检察机关作出的决定意见时，可以向上级检察机关提出建议，要求更高层面的重视和支持。

（二）人民监督员权利保障措施的完善

为了从实质意义上实现人民当家作主，不仅要在宪法和法律上确立人民是国家的主权者和主人翁，同时也应当明确规定人民应该采用怎样的方式行使国家权力，实现人民民主。在实践过程中，有部分学者对应当扩大以及保障人民监督员的权利持否定观点，其认为如果将人民监督员的权利扩大化，会使人民监督员失去其本身设置的初衷，可能成为对权力施加压迫的工具。尽管人民监督员的权利在逐渐增加，但相比其他有关机关的权力构成而言，其仍然处于弱势地位，因而也就不会对权力形成压迫，更不会压制权力。并且，针对人民监督员的权利问题，规定仍较为松散，因而建议在权利保障措施方面作出如下突破：

第一，赋予人民监督员要求补充侦查的权利。由于人民监督员对具体案件的监督是通过书面方式进行的，在现有事实和证据的基础上，对检察机关拟退回补充侦查或补充调查案件、拟不起诉案件、不服逮捕决定的案件等进行监督，而没有对事实和证据进行调查复核的权利。因此，有必要赋予人民监督员要求检察机关对事实不清、证据不足的案件进行补充侦查的权利，特别是针对一些法律规定不够明确、存在多种可能性的案件。

第二，建立健全制度化、常态化的听庭评议机制。一是庭审是诉讼活动的核心，也是诉讼活动的集中体现，是查清案件事实的重要途径，人民监督员可以借助听庭评议这一载体，全面、深入了解案情和案件办理情况，重点了解案件事实是否清楚、证据是否确实充分、办案程序是否规范等。二是人民监督员通过听庭评议，可以发现案情复杂、争议较大、办案质量有瑕疵的案件，从而开展有针对性的监督。三是以审判为中心的刑事诉讼制度改革也为人民监督员听庭评议的质量和效果提供了有力保障，人民监督员通过听庭就可以全面、准确地获取案件信息，夯实履行监督职能的基础。[1] 四是在目前优化营商环境的背景下，人民监督员对于涉及民营企业涉嫌犯罪案件，其监督显得尤其必要。只有人民监督员获得充分的权利保障才能更好地履行自身职能，但就目前的情况而言，人民监督员权利保障方面的制度建设仍有较多待完善之处。

### 相关依据

《深化人民监督员制度改革方案》

三、工作要求

……

（三）强化保障措施。司法行政机关、检察机关要及时就深化人民监督员制度改革工作向党委、人大报告，积极争取支持。选任管理人民监督员相关工作经费纳入司法行政业务经费预算予以保障。

---

〔1〕 项谷："新形势下人民监督员制度深化改革及其路径选择——以上海市人民检察院某分院为例"，载《上海政法学院学报》2017年第3期。

**《人民监督员选任管理办法》**

第23条 司法行政机关应当将人民监督员选任管理及履职相关工作经费申报纳入同级财政经费预算，严格经费管理。

人民监督员因参加监督评议工作而支出的交通、就餐等费用，由司法行政机关按相关规定予以补助。

**《人民检察院办案活动接受人民监督员监督的规定》**

第16条 人民检察院应当建立健全检察工作通报机制，向人民监督员通报重大工作部署、司法办案总体情况以及开展检察建议、案件质量评查、巡回检察等工作情况，听取人民监督员的意见建议。

第17条 人民监督员通过其他方式对检察办案活动提出意见建议的，人民检察院人民监督员工作机构应当受理审查，及时转交办理案件的检察官办案组或者独任检察官审查处理。

第18条 人民监督员监督检察办案活动，依法独立发表监督意见，人民检察院应当如实记录在案，列入检察案卷。

第19条 人民检察院应当认真研究人民监督员的监督意见，依法作出处理。监督意见的采纳情况应当及时告知人民监督员。

人民检察院经研究未采纳监督意见的，应当向人民监督员作出解释说明。人民监督员对于解释说明仍有异议的，相关部门或者检察官办案组、独任检察官应当报请检察长决定。

第22条 人民检察院人民监督员工作机构根据本规定第八条规定拟安排人民监督员开展监督活动，应当组织、协调相关部门或者检察官办案组、独任检察官在工作中予以配合。相关部门或者检察官办案组、独任检察官也可以视具体工作，主动邀请人民监督员依照本规定进行监督，并提前告知人民监督员工作机构做好联络安排工作。

人民监督员工作机构应当通知相关部门或者检察官办案组、独任检察官提供与监督有关的材料并及时送交人民监督员。

第23条 人民检察院应当提前将邀请参加监督活动的人民监督员人数、监督时间、地点以及其他有关事项通知同级司法行政机关，由司法行政机关依照相关规定，从人民监督员信息库中随机抽选和联络确定参加监督工作的人民监督员。

第24条 人民检察院应当严格依照本规定接受人民监督员的监督，不得限制、规避人民监督员对办案活动的监督，不得干扰人民监督员依法独立发表监督意见，不得违反规定泄露人民监督员监督办案活动情况。

第25条 人民检察院应当为人民监督员提供履行监督职责所必需的工作场所以及其他必要条件。

第26条 人民检察院应当加强人民监督员监督工作信息化建设，为人民监督员实时了解相关司法办案信息提供技术支持。

第27条 人民监督员监督检察办案活动的经费，除依照相关规定由司法行政机关予以补助外，列入人民检察院检察业务经费保障范围。

第28条 人民检察院应当定期将人民监督员监督检察办案活动情况通报司法行政机关。

第九章 CHAPTER 9

# 人民监督员制度与《刑事诉讼法》的衔接

人民监督员制度作为一项制度，历经十几年的试点和尝试，已取得了一定的成效和经验，并被《人民检察院组织法》作为一项法律制度予以确认。这表明人民监督员制度不仅具有坚实的实践基础，也已经有了坚实的法律依据。人民监督员制度是对检察机关办理部分案件的中增加一道外部监督程序，不可避免地会出现监督制度的运作与刑事诉讼等相关法律制度间的衔接问题，特别是与刑事诉讼法的衔接。在近期刑事诉讼法修改不太可能的背景下，需要通过规范性文件来保证与其他法律的衔接，在衔接问题上，虽然《人民检察院办案活动接受人民监督员监督的规定》和《人民检察院刑事诉讼规则》对此作出了规定，但因有些规定的缺失，依然需要完善，以切实发挥人民监督员在办案监督中监督的作用。

## 一、人民监督员制度的立法模式

对于人民监督员制度的立法工作，大多数学者都认为应该循序渐进。主要观点是在现有《人民检察院组织法》将其确定的前提下，对其加以细化，然后再进一步在《刑事诉讼法》中加以规定，当人民监督制度比较完善的时候，可以考虑制定

"人民监督员法"。[1]关于人民监督员具体的立法模式，学界提出了一些不同的方案设计，主要包括：

第一，在《人民检察院组织法》中作出原则性的规定，在《刑事诉讼法》总则第一章中增加一条原则性规定："人民检察院办理直接受理立案侦查的案件，实行人民监督员制度。"同时在"人民检察院对直接受理案件的侦查"一节中规定人民监督员制度监督的案件范围等具体的、可操作性的规定。[2]

第二，在立法调研和理论论证的基础上，在《刑事诉讼法》中增加原则性规定。可以授权最高人民检察院制定相关的"人民监督员规定"，以此带动对人民监督员制度更大范围的关注和认同，促进人民监督员制度的深化发展。另外，在《刑事诉讼法》中明确人民检察院在履行办案职能时，实施人民监督员制度，并就人民监督员行使职权的路径、方式、效力作出一些基本规定。在条件成熟时，由最高人民检察院向国家立法机关提出立法建议，制定单行"人民监督员法"，以法律的形式规定人民监督员制度的具体内容。同时根据《刑事诉讼法》的原则性规定，以最高人民检察院司法解释的形式，将人民监督员在刑事诉讼中具体行使监督职权的程序和方式予以细化，以贯彻和落实《刑事诉讼法》和"人民监督员法"的相关规定。[3]

总的来说，学界提出的对人民监督员制度法制化的建议大

---

〔1〕　如王庆岭："在人民检察院刑事诉讼规则中规定人民监督员制度的模式选择"，载《第八届国家高级检察官论坛论文集：刑事诉讼规则的修改》。"但无论是《刑事诉讼法修正案》《人民检察院组织法修正案》，抑或是修改后的《刑事诉讼法》或《人民检察院组织法》，都不足以从法律的层面上系统地全面地容纳人民监督员制度的主要内容。所以，最佳的选择还是制定一部《人民监督员法》。"参见王磊："论人民监督员制度的法律化"，载《人民检察》2006年第15期。

〔2〕　参见文盛堂："人民监督员制度的理论依据与立法探析"，载《人民检察》2005年第11期。

〔3〕　卞建林、田心则："人民监督员制度立法刍议"，载《人民检察》2006年第15期。

同小异，相同点在于：人民监督员制度应在《刑事诉讼法》和《人民检察院组织法》中增加相应的规定，在"两法"中增加的内容一般包括人民监督员制度的原则性规定、人民监督员制度适用的案件和其他情形等。分歧在于：一是是否需要制定专门或单行的"人民监督员法"；二是是否需要将人民监督员制度与"两法"全面对接；三是在"两法"中应增加人民监督员制度的哪些内容看法不一。[1] 问题的关键还在于在《刑事诉讼法》对此作为何种程度的规定。

## 二、完善人民监督员制度与刑事诉讼的衔接程序

人民监督员制度作为一项检察制度改革，不可避免地会出现与刑事诉讼等法律制度间的不衔接问题。这就要求《刑事诉讼法》对人民监督员制度进行程序性规定时，要充分考虑人民监督员制度与之的衔接问题，避免冲突，保证人民监督员制度在刑事诉讼框架下发挥应有的作用。[2]

### （一）监督期限与刑事诉讼期限的衔接问题

《刑事诉讼法》及《人民检察院刑事诉讼规则》对犯罪嫌疑人的审查决定逮捕期限、羁押期限、审查起诉期限、侦查终结期限等都作了明确的规定，因而检察机关对案件的起诉或拟作不起诉决定或拟作撤案决定都受到一定的期限限制。一般而言，检察机关的不起诉或撤案决定，几乎都是所有起诉手段穷尽，确实无法提起公诉的情况下才作出的，诉讼期限基本所剩

---

〔1〕 周永年："人民监督员制度法制化的法理基础及模式选择"，载《政治与法律》2006 年第 5 期。

〔2〕 福建省人民检察院、福建省社会科学界联合会课题组："检察机关直接受理侦查案件实行人民监督员制度研究"，载《东南学术》2005 年第 2 期。

无几。如果要保证人民监督员的监督期限，很多案件会产生超过审查起诉期限或侦查期限等不严格执法的问题；如果要严格执行《刑事诉讼法》及《人民检察院刑事诉讼规则》的规定，则又会产生监督期限不足的情况。对于人民监督员监督的案件，人民检察院应当根据案件诉讼程序、办案期限等情况，及时接受人民监督员的监督，不得因人民监督员的监督而超过法定办案期限；犯罪嫌疑人在押的，不得因人民监督员的监督而超期羁押。即使在人民监督员参与监督的情况之下，检察机关仍然应当遵循办案的期限，不可因监督而出现超期羁押的现象，防止检察机关以接受监督为由侵犯犯罪嫌疑人的权益。

### （二）人民监督员制度与报批备案制度的衔接问题

该问题主要围绕人民检察院对直接受理侦查案件作撤销案件、不起诉决定报上一级人民检察院批准以及直接受理侦查案件立案、逮捕实行备案审查问题。有学者据此对人民监督员制度的走向提出质疑，认为这些今后必须报批或备案审查的事项，本已在人民监督员监督的"案件"和"情形"之列；也有观点表示这是针对犯罪侦查与公诉裁量权的"同级权利监督"与"上级权力制约"的"竞争与合作"。[1]

人民监督员监督程序与报批备案程序的衔接有待在实践中磨合。针对应当立案而不立案的监督制约，尽管上级人民检察院也可能从立案的备案审查中发现并纠正，但仅限于报备案件所涉及的"漏罪漏犯"。换句话说，举发立案不作为，仍主要依赖人民监督；而纠查立案权被滥用或错用，则交于备案审查。

---

〔1〕　邱景辉："检察权独立与裁量权上收"，载 http://www.dffyw.com/fayanguancha/sd/200601/20060125201119.htm，最后访问日期：2019 年 4 月 25 日。

实践表明，自以为"无罪"的犯罪嫌疑人通常不会放弃辩解。如果明知不服逮捕决定可以启动人民监督，更会极力争取撤销逮捕。此时，人民监督员的表决意见就应当随逮捕决定一并上报备案审查。此外，经备案审查后纠正立案错误或逮捕的，后续的撤案决定不必再提交人民监督和实行报批。没有复议复核的救济，也没有人民监督，但是上级人民检察院的审批和审查决定是必须执行的。在上级检察官比下级优秀的理想模式下，报批备案制度同样不能取代人民监督员制度。否则，就可能再次陷入专业垄断排斥司法民主的"暗箱"。[1]

（三）对撤回起诉案件、拟作不起诉或撤案的监督问题

检察机关拟不起诉或撤案的案件有相当部分是从法院撤回起诉的。撤回起诉后，没有新的事实或者新的证据不得再行起诉，检察机关起诉的，法院不予受理。严格按程序法的规定，多数撤回起诉的案件只能作出不起诉或者撤案的决定。因此，囿于程序法的局限，人民监督员对案件的监督也丧失了实际价值和意义。

（四）不服逮捕决定案件提请监督与申请改变强制措施的衔接问题

在人民监督员制度实践中，对因无逮捕必要而提出不服逮捕决定的监督，存在着与申请取保候审等改变强制措施的诉讼制度如何衔接的问题。有的犯罪嫌疑人一方面提出不服逮捕决定，另一方面申请取保候审，申请取保候审是犯罪嫌疑人的法定权利，根据《人民检察院刑事诉讼规则》第88条的规定，被

---

[1] 张军霞："人民监督员制度的完善"，安徽大学2006年硕士学位论文。

羁押或者监视居住的犯罪嫌疑人及其法定代理人、近亲属或者辩护人向人民检察院申请取保候审，人民检察院应当在 3 日内作出是否同意的答复。

（五）对逮捕必要性审查的衔接问题

我国《刑事诉讼法》第 95 条规定："犯罪嫌疑人、被告人被逮捕后，人民检察院仍应当对羁押的必要性进行审查。对不需要继续羁押的，应当建议予以释放或者变更强制措施……"逮捕是国家司法机关所采取的、在一定时间内完全剥夺犯罪嫌疑人或被告人人身自由的强制措施，它是刑事诉讼强制措施中最严厉的一种。因此，正确、及时地适用逮捕措施，可以有效地防止犯罪嫌疑人或者被告人串供、毁灭或者伪造证据、自杀、逃跑或继续犯罪，有助于全面收集证据、查明案情、证实犯罪，保证侦查、起诉、审判活动的顺利进行。但是如果过量适用逮捕，错捕滥捕，就会伤害无辜，侵犯公民的人身权利和民主权利，破坏社会主义法制的尊严和权威，损害公安司法机关的威信。因此，人民监督员有必要针对检察机关应当进行逮捕必要性审查而不进行审查的行为进行监督，以确保逮捕的正确实施。

## 三、我们的研究

《人民检察院组织法》确立了人民监督员制度，在人民监督员的监督过程中不可避免地会影响到刑事诉讼的开展。因此，需要处理好人民监督员制度与《刑事诉讼法》之间的衔接问题，保证人民监督员在刑事诉讼框架下发挥其应有的作用，以免存在缝隙或者漏洞导致监督制度的实施效果不佳。

从人民监督员的监督范围出发，人民监督员与刑事诉讼在监督过程中产生的衔接问题主要集中在以下几个方面：①人民监督员制度与立案监督制度的衔接。立案监督中存在的问题主要是监督内容的不确定。在人民监督员制度中，对立案的监督主要包括"应当立案而不立案"和"不应当立案而立案"两种情形。在目前的法律框架下，对"不应当立案而立案"的情形，法律没有作出相关规定，人民监督员在实践中很难进行操作；现行制度下，立案监督方面的措施主要是通过检察院自行对"应当立案而不予立案"或者"应当立案而没有立案"的情形进行监督，或者由被害人等提出复议、复核程序。在这些方式之下，人民监督员很难对立案环节进行监督。②人民监督员制度与侦查监督制度的衔接。人民监督员可以对犯罪嫌疑人不服批准逮捕的决定进行监督。但是，对于此种监督并没有明确的期限规定，这也是人民监督员监督过程中的一个通病。若因犯罪嫌疑人对批准逮捕的决定提出申辩而进入监督程序，但有关机关并不会停止对逮捕程序的执行。此时即使人民监督员明确表示不应对犯罪嫌疑人进行逮捕，但此时逮捕程序可能已经执行完毕，或者案件已经查证属实。在这种情形下，人民监督员制度显然并没有起到应有的效果。人民监督员制度与刑事诉讼接轨的过程中会产生诸多矛盾，需要进一步明确人民监督员制度的具体运行方式，借助于程序解决人民监督员的监督工作与有关机关具体工作之间的衔接问题，尤其是检察机关在认罪认罚从宽制度中监督衔接。

## 相关依据

### 《刑事诉讼法》

第 95 条　犯罪嫌疑人、被告人被逮捕后，人民检察院仍应当对羁押的必要性进行审查。对不需要继续羁押的，应当建议予以释放或者变更强制措施。有关机关应当在十日以内将处理情况通知人民检察院。

### 《人民检察院组织法》

第27条　人民监督员依照规定对人民检察院的办案活动实行监督。

### 《人民检察院刑事诉讼规则》

第88条　被羁押或者监视居住的犯罪嫌疑人及其法定代理人、近亲属或者辩护人向人民检察院申请取保候审，人民检察院应当在三日以内作出是否同意的答复。经审查符合本规则第八十六条规定情形之一的，可以对被羁押或者监视居住的犯罪嫌疑人依法办理取保候审手续。经审查不符合取保候审条件的，应当告知申请人，并说明不同意取保候审的理由。

第424条　人民法院宣告判决前，人民检察院发现具有下列情形之一的，经检察长批准，可以撤回起诉：

（一）不存在犯罪事实的；

（二）犯罪事实并非被告人所为的；

（三）情节显著轻微、危害不大，不认为是犯罪的；

（四）证据不足或证据发生变化，不符合起诉条件的；

（五）被告人因未达到刑事责任年龄，不负刑事责任的；

（六）法律、司法解释发生变化导致不应当追究被告人刑事责任的；

（七）其他不应当追究被告人刑事责任的。

对于撤回起诉的案件，人民检察院应当在撤回起诉后三十日以内作出不起诉决定。需要重新调查或者侦查的，应当在作出不起诉决定后将案卷材料退回监察机关或者公安机关，建议监察机关或者公安机关重新调查或者侦查，并书面说明理由。

对于撤回起诉的案件，没有新的事实或者新的证据，人民检察院不得再行起诉。

新的事实是指原起诉书中未指控的犯罪事实。该犯罪事实触犯的罪名既可以是原指控罪名的同一罪名，也可以是其他罪名。

新的证据是指撤回起诉后收集、调取的足以证明原指控犯罪事实的证据。

**《人民检察院办案活动接受人民监督员监督的规定》**

第9条　人民检察院对不服检察机关处理决定的刑事申诉案件、拟决定不起诉的案件、羁押必要性审查案件等进行公开审查，或者对有重大影响的审查逮捕案件、行政诉讼监督案件等进行公开听证的，应当邀请人民监督员参加，听取人民监督员对案件事实、证据的认定和案件处理的意见。

第十章

# 人民监督员制度在司法制度中的功能定位

人民监督员制度的规定和实践来看，该制度基本功能是对检察权行使的监督，具有促进检察权正确行使、保障人权、实现程序正义的功能。随着人民监督员制度的发展，其功能性定位不断深化，还衍生出一些辅助性功能。同时，随着对于利益相关人权利保护的加强，不仅在检察机关的"捕诉合一"、认罪认罚从宽以及公益诉讼中发挥新的作用，实现对检察机关的制约以及公平正义的保护，还会对整体执法监督产生深刻影响。对人民监督员制度来说，《人民检察院组织法》规定的人民监督员依照规定对人民检察院的办案活动实行监督是历史性的突破，标志着这项制度依照国家立法成为中国特色社会主义司法制度、检察制度的重要组成部分。面对推进国家治理体系和治理能力现代化的新形势，这项"土生土长"的、具有鲜明中国特色、时代特色的司法制度、检察制度如何融入国家治理大局？人民监督员能做什么？怎么做？对检察机关的工作会带来怎样的促动？[1] 这就需要实践和理论对人民监督员制度在司法制度中的功能定位予以深入思考与认真探索。

---

〔1〕 邱春艳、孙风娟："人民监督员制度如何融入国家治理 最高检召开座谈会问计64名人民监督员"，载《检察日报》2019 年 12 月 18 日，第 1 版。

## 一、人民监督员制度的法律功能

人民监督员制度首要的功能是为了实现对检察权的监督。人民监督员制度之所以产生是源于对检察权的监督制约存在制度机制性缺失。具体如下：其一，外部有效监督不足。检察机关外部监督主要体现在人大权力监督、社会团体的民主监督、舆论监督以及公安机关、人民法院、监察委员会等的制约，但是，这些监督均不能介入监察权行使的具体环节。人民代表大会对检察工作的监督，采取听取或者审查检察机关做出的书面文件的方式，主要是对检察机关工作的整体约束，但对检察机关具体办案进行监督则存在不同意见。即使对在社会上有重大影响的案件进行个案监督，也不能直接启动对检察机关的纠错程序。而一些新闻媒体或者普通社会公众对检察机关的监督则因现实条件的制约导致其对检察权的监督工作经常比执法活动落后。[1] 因而检察机关侦查立案、决定逮捕、侦查终结后作出撤销案件或不起诉处理的案件，在一定程度上游离于职能监督体系之外，难以形成有效的外部监督。其二，内部监督制约存在缺陷。检察机关各部门之间职责明确，如果不涉及本部门的行为不可能主动介入并制约，最后难以对监察权进行良好的监督，[2] 检察院的内部制约无法起到真正的监督作用。人民监督员制度设置的目的就是通过人民群众这一外部力量加强对检察机关相关工作的监督，在人民监督员认为检察机关的有关行为有损法定程序或不适宜时，人民监督员的不同意见可以督促检察机关给予相应的关注。

---

〔1〕 苏啸鸣："浅析人民监督员制度的完善"，厦门大学 2009 年硕士学位论文。
〔2〕 徐碧琼："人民监督员制度功效探究"，载《人民检察》2008 年第 5 期。

人民监督员制度是依照宪法精神，贯彻权力制约原则，公民参与司法决策，增强检察决策透明度，防止检察权滥用，保障诉讼当事人合法权益，提高司法公信力，继人民陪审员制度、人民调解员制度之后充分体现民主性质的一项制度，属于扩大公民有序参与司法、参与检察民主进程的一项制度创新。[1]如何认识人民监督员的功能，一般认为人民监督员在对个案进行监督时行使的是一种公民权利，权利来源可追溯到《宪法》《刑事诉讼法》等法律中涉及群众监督国家机关工作的内容，对检察机关行使批评建议的权利。监督权力功能与制约权力功能并不相同：制约权力功能通过公民分享国家机关的权力而实现，公民与国家机关共同构成某一国家权力的行使主体，二者地位平等，并且这种制约关系是双向的；而监督权力功能并不是通过公民分享国家机关的公权力，而是在既有的国家权力之外由公民的监督权而达成，这种监督关系是单向的。近些年来，产生了以公民参与司法的形式对国家公权力进行监督的机制，即使人民监督员拥有了刚性监督的效力，其本质依然不会脱离公民权的属性，[2]因此，人民监督权限定在公民权利而不是准公权的范围，人民监督员制度是基于公民参与司法发挥对公权力的监督。

## 二、人民监督员的功能

人民监督员制度的民主性、独立性、预防性、直接性、多样性的功能特征，对于促进检察机关公正执法，限制权利滥用有着不可替代的积极作用，其社会功能主要体现在以下方面：

---

〔1〕　徐汉明："人民监督员制度的根据、特征与功效"，载《法学评论》2006 年第 6 期。

〔2〕　陈卫东："人民监督员制度的困境与出路"，载《政法论坛》2012 年第 4 期。

（一）维护司法正义，促进司法公正

检察机关在行使职权时具有的专业性是有目共睹的，但是检察机关不能以此为借口将工作过分封闭。如果没有一种制约监督力量，检察权的行使有可能会被滥用，即使不被滥用也会受到人民的质疑，司法公正就无从谈起。通过实行该项制度，有助于实现民众直接参与司法的愿景，有助于促进人民群众对检察机关工作的了解，检察机关的工作质量将在监督中得到提升。

目前在我国的法治建设进程中，司法腐败仍是一个非常严峻的问题，突出表现在徇私枉法、权钱交易、违法办案、玩忽职守、执法不作为和不能依法独立行使检察权等方面。实行人民监督员制度，开展案件监督，可以弥补对检察权的外部监督不足，更好地来规制检察机关的执法行为，解决检察机关司法不公问题。而且，在一定意义上也是对检察权的保护，保护检察权的合法、正当行使，促进司法公正，使人民群众对检察工作充分信任。人民监督员依法参与检务活动或对个案实行监督，使检察机关在处理具体案件时充分听取人民群众对个案的意见和建议，这既是深层次的检务公开，也是社会公众参与、监督检察活动的有效途径。因此，人民监督员制度不仅能够实现对检察权的规制，还有利于提高检察机关的办案质量，提升检察权的权威性。

司法权威的精髓就在于公正性，能否在民众心中确认对检察权的信任，关键在于是否能够使民众在司法实践中，看到检察权的正义性，而不是单纯地依靠宣讲。现代法治语境下，司法改革的目的是"确立一种合理的司法体制以实现通过司法所追求的调控社会的功能，中国司法制度改革的目的也正是为了使司法体制更加趋于合理"。[1] 人民监督员制度一方面为群众参与司法工作开拓了新平台；另一方面也为检察机关严把办案质量增加了一项保障，有利于促进司法公正。

## (二) 保障人权

人民监督员制度凸显了对人权的保障。惩罚犯罪和保障人权是刑事诉讼的两大任务，人民检察院的检察权作为公权力也需要相应的制约机制。人民监督员对检察机关的监督，既可以制止检察机关在办案中出现的违法行为，保障犯罪嫌疑人的合法利益，又可以督促检察机关及时追诉犯罪，保障被害人人身和财产安全。换句话说，该项制度的实行一方面惩治了犯罪，另一方面又保障了人权。人民监督员制度设立了不应当立案而立案、超期羁押、违法查冻扣以及应当给予刑事赔偿而不依法赔偿的救济途径，人民监督员的监督会使检察机关应该启动监督程序时依法及时启动。人民监督员还可应邀参加检察院组织的执法检查活动，发现有违法违纪情况的，可以提出意见和建议，引起检察机关对此内容的关注。比如，犯罪嫌疑人要求检察机关逮捕必要性审查，当其申辩理由成立时，检察机关应启动监督程序。这种方式为可能被错误追究的犯罪嫌疑人在羁押期间提供了一个救济途径，也为犯罪嫌疑人提供了对逮捕必要性进行公平评判的机会。这些举措有利于对人权的保障，防止检察机关侵犯犯罪嫌疑人的人身自由以及财产安全。人民监督员是置身于诉讼程序之外的监督者，他们不受检察机关领导，也不参与和配合检察人员办案，他们对检察机关的诉讼活动享

---

〔1〕 卞建林、褚宁："人民监督员制度的运行与完善"，载《国家检察官学院学报》2014年第1期。

有制约权、建议权、请求复核权等一系列监督权限。如果检察机关及其检察人员处理案件、行使权力不当或者违法，就要受到人民监督员上述权利的制约。人民监督员定位在相对中立的位置，从超然的角度去解决检察机关与犯罪嫌疑人、被告人和其他当事人之间的矛盾和冲突，还要保护无辜的人、没有犯罪的人免受不公正的检察权侵害，从而更有效地保障群体和个体的人权。[1]

### (三) 实现程序正义

人民监督员制度的功能还要落脚到实现程序正义的价值理念。由于人民监督员制度是检察机关办案过程中的一个独立环节，既不影响检察权的独立行使，又不与检察机关内部监督或其他监督机制混同，是一种独立的程序性监督。人民监督员评议案件时，案件承办人只介绍案情和适用法律的情况，不参加案件评议；在监督评议阶段，检察机关的其他人员也不参与旁听；人民监督员评议案件独立发表意见，不受他人意志所左右。其中，"地位独立"还指人民监督员不依附于任何单位或组织，站在客观公正的立场上评议案件；"表决结果独立"是指表决意见直接送至检察长或检委会，不需要其他环节的审批；"身份独立"是指人民监督员可以应邀列席检委会或参加有关执法检查；"监督形式独立"是指人民监督员是来自检察机关以外的外部监督。

程序正义体现为司法机关工作人员在处理各类案件时，必须在各个环节中严格按照诉讼程序进行。人民监督员制度对监

---

〔1〕 李亚平、付花蕾、张震："人民监督员制度的人权保障功能"，载《山西省政法管理干部学院学报》2014 年第 1 期。

督程序的设计与安排有利于达到规制职务犯罪侦查、起诉终局裁量权与逮捕强制措施采用权，共同维护公平正义的价值目标。自人民监督员制度施行以来，"拟不起诉"与"拟撤销"这两种情况便成为人民监督员制度发挥功能的主要阵地。对这两种情况的监督就是对程序理念的尊重，必须依法作出不起诉与撤销案件的决定，而不能继续保持原来的封闭保密状态，化解群众对检察工作"该抓的不抓"之负面情绪。人民监督员直接参与办案过程，是典型的"事中监督"，监督意见发挥作用。人民监督员还可以直接向承办案件的检察官了解案情和法律运用的情况及案件的证据材料；可以直接对案件进行评议，提出自己的处理意见，甚至否决案件的拟办意见。人民监督员制度弥补了事后监督的不足，这种直接性的参与也给检察机关带来一定的外部压力：一是时间压力。在《刑事诉讼法》规定的办案期限内，承办检察官要提前将案件送至人民监督员进行监督。二是工作压力。员额检察官要将材料准备得更充分，法言法语要更准确。三是思想压力。人民监督员制度促使案件承办检察官提高自己的廉洁意识、证据意识、程序意识、接受监督意识，所以在承办案件时更注重案件质量，公正司法。[1] 有人认为这种压力不利于检察机关办案效率的提高，势必会延长办案时间，增加检察机关的负担，但这种监督使得执法行为的透明度提高，并且加强了各部门之间的联系，能够提高工作质量。并且该制度的潜在收益是巨大的，因为这个制度使得个别存在的司法不公、腐败、侵犯人权等行为不敢为、不能为。一个接受人民监督员监督之后的相对公开透明的环境，无疑也会提高检察人员的业务能力、法治理念。

---

[1] 张日元："浅谈人民监督员制度的功能"，载《今日科苑》2010 年第 6 期。

### 三、人民监督员制度功能的拓展

人民监督员制度的功能在程序设置过程和实际应用过程中得到了强化与扩展，衍生出一些附加功能，主要表现为法治文明功能、权力制衡功能、司法民主功能、和谐社会功能等。

（一）法治文明功能

"现代政治文明的最终表现形式是宪政文明和法治文明，要求在政治权力的规范化和国家机构法治化基础上实现决策机制的民主化。人民监督员制度实质上正是通过引入社会公众的有序参与，实现检察工作的民主化和公开透明，从制度上提高检察机关在查办职务犯罪等检察权行使过程中决策机制民主化程度问题，有效防止办理案件过程中决策和检察权行使的随意性，这是当代法治文明的应有之义。从这层意义上来讲，检察机关实行人民监督员制度逐步形成了一种符合当代法治文明潮流的先进司法文明机制。"[1]"人民监督员制度拓宽了检察机关与人民群众密切联系的渠道，有利于检察机关在执法办案中将法律规定与社情民意、公序良俗结合起来，最大限度地实现法律效果、政治效果与社会效果的有机统一，促进解决影响社会和谐稳定的源头性、根本性、基础性问题，具有社会管理方面创新民主法治模式的意义，并可以在实践中有效推进社会矛盾化解和公正廉洁执法。"[2]

---

〔1〕 罗树中、李立群："湖南刑事和解实践模式考析——兼论人民监督员介入刑事和解的可行性"，载《中国刑事法杂志》2009 年第 12 期。

〔2〕 张建升等："检察机关全面推行人民监督员制度的现实路径与未来展望"，载《人民检察》2010 年第 23 期。

## （二）司法民主功能

人民监督员制度的建立，是试图建立和完善人民检察院外部监督机制的一种探索。从表面上看，实行这一制度表现出极强的检察改革的现实功利性需要，但是深入探究下去会发现这种功利性需要所蕴含的人民监督思想恰好暗合了民众参与的现代司法民主功能。[1]"实行人民监督员制度符合国家的一切权力属于人民的行政理论，也符合保证人民依法实行民主监督，加强对权力的监督的宪法精神。"[2]可以说，人民监督员制度是沟通司法职业化与司法民主化的桥梁。[3]有学者更是将司法民主性看作人民监督制度的正当性——"在审判过程中引入陪审员实行陪审制是为了彰显司法的民主性，对审判权形成制约一样，在批捕权、不起诉权等检察权重要职能的行使中引入人民监督员，也是为了彰显司法的民主性，对检察权形成制约，二者具有完全的正当性基础，即司法民主性。"[4]为保障人民监督员制度的司法民主功能，便需要扩大人民监督员的选任范围，实现人民监督员的大众化，以普通公民参与司法，从而缓解司法人员的职业弊端。

## （三）和谐社会功能

我国社会正处于转型时期，社会旧体制趋于解体而新体制尚未完全形成，社会深层矛盾逐渐显露，利益格局面临重要调

---

〔1〕　石茂生："人民监督员制度的理性思考"，载《河北法学》2008年第3期。

〔2〕　周友苏、钟凯、李君临："关于完善我国人民监督员制度的若干思考——基于国家与地方立法的不同视角"，载《社会科学研究》2007年第6期。

〔3〕　参见石茂生："人民监督员制度的理性思考"，载《河北法学》2008年第3期。

〔4〕　陈松林："从司法民主性看人民监督员制度的正当性"，载《法学杂志》2010年第1期。

整，社会的稳定性显著降低，在司法上体现为百姓对司法腐败惩治不力和对司法滥权抑制不足的不满。为消解人民的这种不满心理，必须寻求机制充当缓冲阀。人民监督员制度的实施，使得民众可以直接介入检察机关的检察权行使，可以在很大程度上缓解人民的不信任，重塑人民对法律的信仰。[1] "实行人民监督员制度能够促进检察权真正按照人民的意志依法运行，也有利于持续培育和切实提升最广大的监督者群体的'主人'意识和被监督者群体的'公仆'意识，促进我国社会主义公民社会的自发成长，对于构建长治久安的和谐社会与推动社会主义政治文明进程，都具有良性善治的现实意义和极其深远的社会历史意义。"[2]

## 四、我们的研究

人民监督员的监督功能不仅可以消解检察机关与犯罪嫌疑人、被告人和其他当事人之间的矛盾和冲突，还能够保护犯罪嫌疑人、被告人的合法权益，还要保护无辜的人、没有犯罪的人免受不公正的检察权的侵害，从而更有效地保障群体和个体的人权。[3] 人民监督员对批准逮捕案件的监督属于事后监督，但对不起诉和撤销案件则为事中参与、同步监督。这带来一个犯罪嫌疑人合法权利及时保护的问题。人民监督员制度对检察机关执法行为的监督和制约，其功能衍生到相对人权益的保障，

---

〔1〕 周友苏、钟凯、李君临："关于完善我国人民监督员制度的若干思考——基于国家与地方立法的不同视角"，载《社会科学研究》2007年第6期。

〔2〕 张建升等："检察机关全面推行人民监督员制度的现实路径与未来展望"，载《人民检察》2010年第23期。

〔3〕 李亚平、付花蕾、张震："人民监督员制度的人权保障功能"，载《山西省政法管理干部学院学报》2014年第1期。

特别是对公益诉讼的监督，通过对行政机关提起公益诉讼的监督，促进其充分履行检察机关法律监督职能。

人民监督员制度是检察机关自觉接受人民群众监督、保障人民群众有序参与司法的重大制度设计。经过多年的改革探索，人民监督员制度不断发展完善，其科学性和公信力不断提升，重大意义和实施成效多次得到中央认可。随着监察体制改革和"捕诉合一"内设机构调整的推行，时代背景发生改变，人民监督员制度在检察工作中的运行面临新的重大挑战，需要我们明确改革方向，厘清改革思路，并针对当前功能定位模糊、监督范围狭窄、制度机制不完备与监督过程虚化的问题，从理论和实务层面作出积极回应。[1]《人民检察院组织法》增设一条作为人民监督员制度的法律依据，但对其选任管理工作、监督评议工作、监督效力等尚未提及，对于司法实践的指导性仍是不足。特别是在"捕诉合一"开展后，审查批捕与审查起诉两项职权由一个部门行使，从实质上赋予了检察官更大的自由裁量权。尽管在实践中如业绩考核、信息化监管等种种内部监督机制提醒并督促检察官在办案过程中谨慎用权、严格执法，但"捕诉合一"后检察官对案件的两道审查工序都是封闭的，不同程度上带有主观色彩。检察机关的内部监督往往是事后的，往往滞后于决定作出的时间。而一旦发现审查批捕或审查起诉的决定是错误的，案件往往不可再被逆转回到错误发生的环节。因此，肩负双重职权的"当局者"们更需要来自于外部"旁观者"的监督。[2]

---

〔1〕　陈卫东："进一步完善新时代人民监督员制度"，载《检察日报》2019年6月5日，第3版。

〔2〕　陈卫东、胡晴晴、崔永存："新时代人民监督员制度的发展与完善"，载《法学论坛》2019年第2期。

为此，最高人民检察院颁布的《人民检察院办案活动接受人民监督员监督的规定》将人民监督员的监督范围从过去仅限于职务犯罪案件，进一步扩展到刑事、民事、行政、公益诉讼等各类案件。同时还需要针对《刑事诉讼法》赋予的检察机关认罪认罚从宽的新职能进行监督，防止检察官权力的滥用和错用。通过制度完善形成各职能部门协调配合、人民群众理解支持、人民监督员积极有序参与监督的良好局面，将国家治理体系和治理能力建设有力、有效推向现代化。

## 相关依据

《深化人民监督员制度改革方案》

二、重点任务

……

（三）拓展人民监督员监督案件范围

人民监督员对人民检察院办理直接受理立案侦查案件的下列情形实施监督：

1. 应当立案而不立案或者不应当立案而立案的；

2. 超期羁押或者检察机关延长羁押期限决定不正确的；

3. 违法搜查、扣押、冻结或者违法处理扣押、冻结款物的；

4. 拟撤销案件的；

5. 拟不起诉的；

6. 应当给予刑事赔偿而不依法予以赔偿的；

7. 检察人员在办案中有徇私舞弊、贪赃枉法、刑讯逼供、暴力取证等违法违纪情况的；

8. 犯罪嫌疑人不服逮捕决定的；

9. 采取指定居所监视居住强制措施违法的；

10. 阻碍律师或其他诉讼参与人依法行使诉讼权利的；

11. 应当退还取保候审保证金而不退还的。

（四）完善人民监督员监督程序

1. 规范参与案件监督的人民监督员的产生程序。参与具体案件监督的人民监督员，由组织案件监督的人民检察院会同司法行政机关从人民监督员信息库中随机抽选产生。被抽选出的人员是本案当事人近亲属、与本案有利害关系或者担任过本案诉讼参与人的，不得担任该案件的人民监督员。抽选结果确定后，司法行政机关应当及时告知被抽选出的人民监督员，说明相关事项，并为其开展监督工作提供相应便利。

2. 完善案件材料提供和案情介绍程序。案件监督前，应向人民监督员提供充分的有关案件事实、证据和法律适用等材料；案件监督中，应全面客观地介绍案件事实、证据认定、法律适用以及对案件处理的不同观点和意见。必要时，人民监督员可以通过收听收看讯问犯罪嫌疑人相关录音录像了解当事人的意见。

3. 完善人民监督员评议表决和检察机关审查处理程序。人民监督员对所监督案件独立进行评议和表决，制作《人民监督员表决意见书》，说明表决情况、结果和理由。承办案件的人民检察院应当对人民监督员的表决意见进行审查。检察长不同意人民监督员表决意见的，应当提交检察委员会讨论决定。检察委员会应当根据案件事实和法律规定，全面审查、认真研究人民监督员的评议和表决意见，依法作出决定。检察长或者检察委员会的处理决定应及时告知参加监督的人民监督员。检察委员会的最终处理决定与人民监督员表决意见不一致的，应当向参加监督的人民监督员作出必要的说明。

4. 设置复议程序。人民检察院处理决定未采纳多数人民监督员评议表决意见，经反馈说明后，多数人民监督员仍有异议的，可以提请人民检察院复议一次。

### 《人民检察院办案活动接受人民监督员监督的规定》

第 1 条　为了健全检察权运行的外部监督制约机制，保障人民监督员依法履行职责，促进司法公正，提升司法公信，根据《中华人民共和国人民检察院组织法》等规定，制定本规定。

# 人民检察院办案活动接受人民监督员监督的规定

（2019 年 6 月 28 日最高人民检察院
第十三届检察委员会第二十次会议通过）

**第一条** 为了健全检察权运行的外部监督制约机制，保障人民监督员依法履行职责，促进司法公正，提升司法公信，根据《中华人民共和国人民检察院组织法》等规定，制定本规定。

**第二条** 人民检察院的办案活动依照法律和本规定接受人民监督员的监督。

**第三条** 人民监督员依法、独立、公正履行监督职责。

人民监督员行使监督权受法律保护。

人民监督员履行监督职责，应当遵守国家法律、法规和保密规定。

**第四条** 人民检察院应当保障人民监督员履行监督职责，自觉接受人民监督员的监督。

**第五条** 人民监督员的选任和培训、考核等管理工作，依照相关规定由司法行政机关负责，人民检察院予以配合协助。

**第六条** 各级人民检察院应当明确负责人民监督员工作的机构。人民监督员工作机构的主要职责是：

（一）组织人民监督员监督办案活动；

（二）通报检察工作情况；

（三）受理、审查、办理人民监督员提出的监督要求和相关材料；

（四）协调、督促相关部门办理监督事项；

（五）反馈监督案件处理结果；

（六）有关人民监督员履职的其他工作。

**第七条**　人民监督员对检察办案活动实行监督，应当遵守有关人民监督员回避的规定。

**第八条**　人民检察院下列工作可以安排人民监督员依法进行监督：

（一）案件公开审查、公开听证；

（二）检察官出庭支持公诉；

（三）巡回检察；

（四）检察建议的研究提出、督促落实等相关工作；

（五）法律文书宣告送达；

（六）案件质量评查；

（七）司法规范化检查；

（八）检察工作情况通报；

（九）其他相关司法办案工作。

**第九条**　人民检察院对不服检察机关处理决定的刑事申诉案件、拟决定不起诉的案件、羁押必要性审查案件等进行公开审查，或者对有重大影响的审查逮捕案件、行政诉讼监督案件等进行公开听证的，应当邀请人民监督员参加，听取人民监督员对案件事实、证据的认定和案件处理的意见。

**第十条**　人民检察院对检察官出席法庭的公开审理案件，

可以协调人民法院安排人民监督员旁听，对检察官的出庭活动进行监督，庭审结束后应当听取人民监督员对检察官出庭行为规范、文书质量、讯问询问、举证答辩等指控证明犯罪情况的意见建议。

第十一条 人民检察院对监狱、看守所等进行巡回检察的，可以邀请人民监督员参加，听取人民监督员对巡回检察工作的意见建议。

第十二条 人民检察院研究提出检察建议、督促落实检察建议等相关工作的，可以邀请人民监督员参加，听取人民监督员对检察建议必要性、可行性、说理性等方面的意见建议，或者对检察建议督促落实方案、效果等方面的意见建议。

第十三条 人民检察院组织开展法律文书宣告送达活动的，可以邀请人民监督员参加，听取人民监督员对法律文书说理工作的意见建议。

第十四条 人民检察院组织开展案件质量评查活动的，可以邀请人民监督员担任评查员，听取人民监督员对评查工作的意见建议，或者对检察办案活动的意见建议。

第十五条 人民检察院组织开展司法规范化检查活动的，可以邀请人民监督员参加，听取人民监督员对检查方式、内容、效果等方面的意见建议，或者对检察办案活动的意见建议。

第十六条 人民检察院应当建立健全检察工作通报机制，向人民监督员通报重大工作部署、司法办案总体情况以及开展检察建议、案件质量评查、巡回检察等工作情况，听取人民监督员的意见建议。

第十七条 人民监督员通过其他方式对检察办案活动提出意见建议的，人民检察院人民监督员工作机构应当受理审查，及时转交办理案件的检察官办案组或者独任检察官审查处理。

**第十八条** 人民监督员监督检察办案活动，依法独立发表监督意见，人民检察院应当如实记录在案，列入检察案卷。

**第十九条** 人民检察院应当认真研究人民监督员的监督意见，依法作出处理。监督意见的采纳情况应当及时告知人民监督员。

人民检察院经研究未采纳监督意见的，应当向人民监督员作出解释说明。人民监督员对于解释说明仍有异议的，相关部门或者检察官办案组、独任检察官应当报请检察长决定。

**第二十条** 人民检察院邀请人民监督员监督办案活动的，应当根据具体情况确定人民监督员的人数。

**第二十一条** 省、自治区、直辖市人民检察院和设区的市级人民检察院接受人民监督员监督办案活动的，由本院协调联络同级司法行政机关抽选人民监督员并组织开展监督；基层人民检察院或者直辖市人民检察院分院接受人民监督员监督办案活动的，由设区的市级人民检察院或者直辖市人民检察院协调同级司法行政机关抽选人民监督员，具体联络、组织开展监督等工作由基层人民检察院或者直辖市人民检察院分院负责。

**第二十二条** 人民检察院人民监督员工作机构根据本规定第八条规定拟安排人民监督员开展监督活动，应当组织、协调相关部门或者检察官办案组、独任检察官在工作中予以配合。相关部门或者检察官办案组、独任检察官也可以视具体工作，主动邀请人民监督员依照本规定进行监督，并提前告知人民监督员工作机构做好联络安排工作。

人民监督员工作机构应当通知相关部门或者检察官办案组、独任检察官提供与监督有关的材料并及时送交人民监督员。

第二十三条　人民检察院应当提前将邀请参加监督活动的人民监督员人数、监督时间、地点以及其他有关事项通知同级司法行政机关，由司法行政机关依照相关规定，从人民监督员信息库中随机抽选和联络确定参加监督工作的人民监督员。

第二十四条　人民检察院应当严格依照本规定接受人民监督员的监督，不得限制、规避人民监督员对办案活动的监督，不得干扰人民监督员依法独立发表监督意见，不得违反规定泄露人民监督员监督办案活动情况。

第二十五条　人民检察院应当为人民监督员提供履行监督职责所必需的工作场所以及其他必要条件。

第二十六条　人民检察院应当加强人民监督员监督工作信息化建设，为人民监督员实时了解相关司法办案信息提供技术支持。

第二十七条　人民监督员监督检察办案活动的经费，除依照相关规定由司法行政机关予以补助外，列入人民检察院检察业务经费保障范围。

第二十八条　人民检察院应当定期将人民监督员监督检察办案活动情况通报司法行政机关。

第二十九条　本规定由最高人民检察院负责解释。

第三十条　本规定自公布之日起施行，2016年印发的《最高人民检察院关于人民监督员监督工作的规定》同时废止。

# 人民监督员选任管理办法

## （2016 年 7 月 5 日）

**第一条** 为了规范人民监督员选任和管理工作，完善人民监督员制度，健全检察权行使的外部监督制约机制，制定本办法。

**第二条** 选任和管理人民监督员应当坚持依法民主、公开公正、科学高效的原则，建设一支具备较高政治素质，具有广泛代表性和扎实群众基础的人民监督员队伍，保障和促进人民监督员行使监督权，发挥人民监督员监督作用。

**第三条** 人民监督员的选任和培训、考核等管理工作由司法行政机关负责，人民检察院予以配合协助。

司法行政机关、人民检察院应当建立工作协调机制，为人民监督员履职提供相应服务，确保人民监督员选任、管理和使用相衔接，保障人民监督员依法充分履行职责。

**第四条** 人民监督员由省级和设区的市级司法行政机关负责选任管理。县级司法行政机关按照上级司法行政机关的要求，协助做好本行政区域内人民监督员选任和管理具体工作。

司法行政机关应当健全工作机构，选配工作人员，完善制度机制，保障人民监督员选任和管理工作顺利开展。

**第五条** 人民监督员分为省级人民检察院人民监督员和设区的市级人民检察院人民监督员。

省级人民检察院人民监督员监督省级和设区的市级人民检

察院办理直接受理立案侦查的案件。其中，直辖市人民检察院人民监督员监督直辖市各级人民检察院办理直接受理立案侦查的案件。设区的市级人民检察院人民监督员监督县级人民检察院办理直接受理立案侦查的案件。

第六条　人民监督员每届任期五年，连续担任人民监督员不超过两届。

人民监督员不得同时担任两个以上人民检察院人民监督员。

第七条　人民监督员依法行使监督权受法律保护。

人民监督员应当严格遵守法律和有关纪律规定，按照规定的权限和程序，独立公正地对列入监督范围的案件进行监督。不得有下列情形：

（一）妨碍案件公正处理；

（二）泄露案件涉及的国家秘密、商业秘密、个人隐私和未成年人犯罪信息；

（三）披露其他依照法律法规和有关规定不应当公开的案件信息。

第八条　拥护中华人民共和国宪法、品行良好、公道正派、身体健康的年满23周岁的中国公民，可以担任人民监督员。人民监督员应当具有高中以上文化学历。

因犯罪受过刑事处罚的或者被开除公职的人员，不得担任人民监督员。

第九条　司法行政机关应当会同人民检察院，确定人民监督员的名额及分布，辖区内每个县（市、区）人民监督员名额不少于3名。

第十条　司法行政机关应当发布人民监督员选任公告，接受公民自荐报名，商请有关单位和组织推荐人员报名参加人民监督员选任。

人民代表大会常务委员会组成人员，人民法院、人民检察院、公安机关、国家安全机关、司法行政机关的在职工作人员和人民陪审员不参加人民监督员选任。

第十一条　司法行政机关应当采取到所在单位、社区实地走访了解、听取群众代表和基层组织意见、组织进行面谈等多种形式，考察确定人民监督员人选，并进行公示。

人民监督员人选中具有公务员或者事业单位在编工作人员身份的人员，一般不超过选任名额的 50%。

第十二条　人民监督员人选经过公示无异议或者经审查异议不成立的，由司法行政机关作出人民监督员选任决定、颁发证书，向社会公布。

第十三条　司法行政机关应当建立人民监督员信息库，与人民检察院实现信息共享。

司法行政机关、人民检察院应当公开人民监督员的姓名和联系方式，畅通群众向人民监督员反映情况的渠道。

第十四条　人民检察院办理的案件需要人民监督员进行监督评议的，人民检察院应当在开展监督评议三个工作日前将需要的人数、评议时间、地点以及其他有关事项通知司法行政机关。

第十五条　司法行政机关从人民监督员信息库中随机抽选，联络确定参加监督评议的人民监督员，并通报检察机关。

第十六条　人民监督员是监督案件当事人近亲属、与监督案件有利害关系或者担任过监督案件诉讼参与人的，应当自行回避。

人民检察院发现人民监督员有需要回避情形的，应当及时通知司法行政机关决定人民监督员回避，或者要求人民监督员自行回避。

**第十七条** 司法行政机关会同人民检察院组织开展人民监督员初任培训和专项业务培训。

人民监督员应当按照要求参加培训。

**第十八条** 司法行政机关应当建立人民监督员履职台账，对人民监督员进行年度考核和任期考核。考核结果作为对人民监督员表彰奖励、免除资格或者续任的重要依据。

人民检察院应当定期将人民监督员参加监督评议情况和其他履职情况通报司法行政机关。

**第十九条** 对于在履职中有显著成绩的人民监督员，司法行政机关应当给予表扬。

**第二十条** 人民监督员具有下列情形之一的，作出选任决定的司法行政机关应当免除其人民监督员资格：

（一）丧失中华人民共和国国籍的；

（二）违法犯罪的；

（三）丧失行为能力的；

（四）在选任中弄虚作假，提供不实材料的；

（五）年度考核不合格的；

（六）违反本办法第七条第二款规定的。

**第二十一条** 人民监督员因工作变动不能担任人民监督员，或者因身体健康原因不能正常履职，或者出现其他影响履职的重大事项的，应当及时向作出选任决定的司法行政机关辞去担任的人民监督员。

**第二十二条** 司法行政机关应当及时将考核结果、免除资格决定书面通知人民监督员本人及其工作单位、推荐单位，并通报人民检察院。

　　第二十三条　司法行政机关应当将人民监督员选任管理及履职相关工作经费申报纳入同级财政经费预算，严格经费管理。

　　人民监督员因参加监督评议工作而支出的交通、就餐等费用，由司法行政机关按相关规定予以补助。

　　第二十四条　本办法所称的设区的市，包括地区、自治州、盟以及未设区的地级市。

　　第二十五条　本办法自发布之日起施行。

# 人民监督员法（拟制稿）与说明

## 人民监督员法

第一章　总　则

第二章　人民监督员的权利与义务

第三章　人民监督员的选任与管理

第四章　人民监督员的监督工作程序

第五章　法律责任

附　则

### 第一章　总　则

**第一条**［立法目的］　为了加强对人民检察院办案活动的监督，促进依法公正履行检察职能，保障人民监督员依法实施有效监督，提高人民检察院办案质量，维护社会公平正义，根据宪法和人民检察院组织法，结合我国实际，制定本法。

【说明】本条是关于《人民监督员法》的立法目的和依据的规定。

关于目的包括有五个方面：其一，加强对人民检察院查办犯罪案件工作的监督。根据人民主权和权力制衡的法理基础，人民有权对国家机关及其工作人员的活动进行监督，这也是宪法赋予人民群众的一项法定权利。其二，确保依法公正履行检察职能。通过人民群众这一外部力量，加强对检察机关办案活动的监督，在人民认为其行为有损法定程序或不适宜时，人民监督员的不同意见迫使其作出相应的反应、改正，从而确保依法公正履行职能。其三，保障人民监督员依法实施有效监督。发挥立法的引领作用，通过国家层面的立法来保证人民监督员行使法定职权的合法性与正当性。其四，提高执法水平和办案质量。通过监督，迫使检察机关改进，从而提高执法办案水平。其五，维护社会公平正义。公正可以及时有效地化解纠纷，排解社会矛盾，从而维护社会稳定和发展。若是社会不公甚至于腐败不仅不能维护社会稳定，而且会导致矛盾激化，影响人民群众对国家政权的信任和支持，后果非常严重。

关于依据包括有以下两个方面：其一，由于该法涉及基本的诉讼制度，涉及公民的基本权利（如公民有权行使批评建议权和监督权等），是对宪法相关规定的落实，宪法是该法的制定依据。其二，人民监督员制度从 2003 年试点至今已有 17 年的历程，彰显出制度的强大生命力，在实践中发挥着越来越重要的作用，相继被写入《2004 年中国人权事业的进展》《2005 年中国的民主政治建设》《2006 年中国的国防》和《2008 年中国的法治建设》《国家人权行动计划（2009—2010 年）》《2010 年中国的反腐败和廉政建设》等白皮书，故此，人民监督员立法应当结合实践，切实完善该制度规范。

**第二条** ［定义］ 本法所称人民监督员，是指符合人民监督员条件，由司法行政机关选任并对人民检察院办案活动实行监督的人员。

【说明】　本条是关于人民监督员用语的定义条款。目的在于明确该用语的法定含义，同时，对本法的适用范围和调整对象也有界定作用。

　　**第三条**　[依法监督原则]　人民监督员依法履行监督职责，遵守国家法律、法规和有关纪律，保守秘密，不得干涉人民检察院依法办案，不得有妨碍案件公正处理的行为。

　　【说明】　本条是关于人民监督员应当依法监督的规定。

　　"不受监督制约的权力必然走向腐败"，这已经成为共识。人民监督员的监督应当在法律的框架之内，不得有意规避或者遗漏人民监督员的监督，不得扩大或者缩小案件监督范围，防止脱离法律的监督。人民监督员的监督应当于法有据、依法行使。法律、法规和有关纪律都是人民监督员的有关活动准则，必须在规定内有序进行，不得简化甚至自行变更监督程序。同时，人民监督员对有关案件的监督，不得影响案件的正常办案流程以及公正处理。

　　**第四条**　[独立监督原则]　人民监督员依法独立、公正、客观地对监督范围内的案件实施监督，不受人民检察院、司法行政机关等机关、团体和个人的干涉。

　　【说明】　本条是关于人民监督员独立行使监督权的规定。

　　独立监督原则是人民监督员制度的一项重要原则，对于保障人民监督员制度真正落到实处，发挥其应有作用具有重要作用。叶俊提出，独立是人民监督员制度的根本。莫负春提出，如果监督主体没有独立的人格和独立的意志，或依附于其他权力主体，那么就不可能实现以权制权，监督职能成为一句空话。因此，监督权力的独立性是一条必须遵循的原则。监督主体在实施监督行为的过程中，往往不可避免地会受到来自被监督方的干扰和影响。这就需要监督者必须具备独立行使职权的地位和条件，以自身的、独立的和足够的力量，排除特权的干扰，抗衡特权的压力，最终实现监督的目的。

独立监督原则是指人民监督员对检察机关办理案件依法独立行使监督权，独立作出评议和表决，独立提出意见和建议，不受外界的干扰、诱导和控制。主要内容有以下几个方面：一是独立行使监督权的前提，必须是依法，也就是说，在独立行使监督权时必须依照法律规定的权限、程序和规范进行，而不能脱离法律规范；二是监督评议案件应当独立、公正、客观，不得有偏私，甚至索取、收受财物或者牟取其他不正当利益；三是对于任何依仗权势以权压法，非法干涉监督活动的行为，都有权抵制，依法行使监督权不受人民检察院、司法行政机关等机关、团体和个人的干涉。同时要特别注意在执行这一规定时应正确处理人民检察院、司法行政机关和人民监督员之间的关系，注重依法办案，越是独立行使监督权，就越要坚持严格依法办案。

**第五条** [配合与支持原则] 人民检察院应当配合人民监督员依法履行监督职责。司法行政机关对人民监督员依法履行职责予以支持。

**【说明】** 本条是关于三机关配合与支持的规定。

为了保障人民监督员有效实施监督，本条款基于三机关的定位不同，对人民监督员所起作用也不相同，主要分为两个层次：其一，人民检察院处于受监督的地位，应当配合人民监督员依法进行相关工作；其二，司法行政机关作为人民监督员的选任与管理机关，为保证监督工作顺利进行，应及时予以支持。

**第六条**［监督范围］　人民监督员对人民检察院的办案活动实行监督。

（一）依法移送人民检察院起诉而没有接收的；

（二）超期羁押或者延长羁押期限决定不合法的；

（三）犯罪嫌疑人不服逮捕复议决定的；

（四）采取指定居所、监视居住强制措施违法的；

（五）应当退还取保候审保证金而不退还的；

（六）违法搜查、扣押、冻结或者违法处置扣押、冻结款物的；

（七）拟批准撤销案件的；

（八）拟不起诉的；

（九）应当给予刑事赔偿而不依法予以赔偿的；

（十）阻碍律师或者其他诉讼参与人依法行使诉讼权利的；

（十一）依法应当采取公益诉讼而没有采取的；

（十二）检察人员在办案过程中有徇私舞弊、贪赃枉法、刑讯逼供、暴力取证等违法违纪情况的；

（十三）其他应予监督的办案活动情形。

**【说明】**　本条是关于人民监督员监督评议范围的规定。

随着 2016 年 11 月开始进行的由中央部署的监察体制改革试点到创立监察委员会、出台《中华人民共和国监察法》等一系列改革举措，在将检察机关对反贪反渎等职务犯罪的自侦职能转移至检察委员会后，附之产生的人民监督员制度的创设初衷已然不再，为了不断推进国家监察体制改革，保留颇具中国特色的外部监督形式和人民民主方式的人民监督员制度，2018 年 10 月 26 日颁布的《中华人民共和国人民检察院组织法》第 27 条规定了"人民监督员依照规定对人民检察院的办案活动实行监督"。然而，该法仅仅采用一条法律条文进行总括性的概述，尚不具有可操作性，特别是随着现阶段检察内部机构改革的不断深入，应逐步将监督内容予以细化、突出，特别是将人民监督员制度的监督范围扩展到积极检察权方面。所谓积极检察权，是指检察机关的立案权、侦查权、批捕权、起诉权等，而消极检察权则是指不立案权、撤案权、不起诉权等。错误行使积极检察权应比错误行使消极检察权的危害更大，对于积极检察权虽可以通过法院行使审判权等程序来作最终的监督和制约，但是这种监督属于事后监督，已无法弥补司法效率和法律公正的损失。但为了防止人民监督员之监督范围过于泛化，应当突出对检察机关"捕诉合一"、认罪认罚从宽、公益诉讼等办案活动实施监督，避免该制度流于形式。

**第七条**［两机关关系］　人民监督员对于人民检察院依法实行有效监督，由司法行政机关负责选任与管理，人民检察院应当设立办事机构负责人民监督员工作，以保障监督工作依法有序顺利进行。

**【说明】** 本条是关于人民监督员制度中涉及的两机关关系的规定。

该条文明确了三点：一是人民监督员的监督对象是人民检察院；二是明确选任管理机关，将人民监督员的选任交由司法行政机关，切实破除"谁来监督监督者"的诘问，保证监督的公正性和可接受度；三是确定具体的工作机构，即人民检察院的办事机构负责衔接工作，保障人民监督员可以实行有效监督。

**第八条**［考核］　司法行政机关应当建立人民监督员履职制度，对人民监督员进行年度考核和任期考核，并建立人民监督员表彰奖励、免除资格或者续任制度。

人民检察院应当定期将人民监督员参加监督评议情况和其他履职情况通报司法行政机关。

【说明】 本条是关于对人民监督员实行考核的规定。

人民监督员履职制度是指为便于人民监督员掌握案件办理情况，发现监督线索，检察机关应对犯罪立案情况，对犯罪嫌疑人采取强制措施情况，扣押财物的保管、处理、移送、退还情况，刑事赔偿案件办理情况建立相应台账，供人民监督员查阅。

在考核方面，司法行政机关应当建立人民监督员日常考核制度，向人民检察院了解人民监督员履职情况，及时掌握人民监督员履行职责的数量、能力等基本情况，人民检察院也应当及时向同级司法行政机关通报有关情况。同时，人民监督员应当向司法行政机关作出年度述职。在考核机制方面，应当建立专门的考核委员会作为考核主体，吸纳不同方面的代表参加，体现人民监督员的特殊性，建立不同于司法行政管理的法律服务队伍的独特管理模式。在考核程序方面，要建立人民监督员履职台账，记录其参加培训学习、监督评议、受理群众反映意见等情况，召开会议进行年度评议考核和任期考核。在考核结果上，设置称职、基本称职、不称职三个档次，将考核结果作为奖励表彰与惩戒的基本依据。

第九条 ［人民监督员办事机构职责］ 人民监督员办事机构应当履行下列职责：

（一）承办人民监督员的通知、联络等工作；

（二）受理人民监督员或案件承办部门提交、移送的有关案件材料，组织人民监督员监督、评议案件，向案件承办部门移送案件监督情况，向人民监督员反馈监督案件处理结果；

（三）移送、督办人民监督员对检察工作提出建设性意见，及时反馈办理情况；

（四）总结分析人民监督员工作，开展工作调研和理论研究；

（五）其他与人民员监督相关工作。

【说明】本条是关于人民监督员办事机构履行职责的规定。

2019 年 6 月 28 日，最高人民检察院印发的《人民检察院办案活动接受人民监督员监督的规定》对人民监督员工作机构进行了明确与细化，其中第 6 条规定：各级人民检察院应当明确负责人民监督员工作的机构。人民监督员工作机构的主要职责是：①组织人民监督员监督办案活动；②通报检察工作情况；③受理、审查、办理人民监督员提出的监督要求和相关材料；④协调、督促相关部门办理监督事项；⑤反馈监督案件处理结果；⑥有关人民监督员履职的其他工作。人民监督员办事机构是对人民监督员的各项活动进行服务的机构，主要为人民监督员提供辅助性的服务，从而有利于人民监督员监督工作的实施。

**第十条** ［备案制度］ 省级以下人民检察院的人民监督员办事机构应当在作出决定后七日内，将已监督的案件有关情况报上一级人民监督员办事机构备案。

【说明】本条是关于人民监督员办事机构备案制度的规定。

本条划定了备案的时限，便于程序的规范运行。

**第十一条** ［职责规定］ 人民监督员办事机构应当定期与相关业务部门对监督的案件进行核对，对案件监督质量和效果进行分析，及时向人民检察院负责人报告，并向相关业务部门反馈意见，同时书面报告上一级人民监督员办事机构。

【**说明**】本条是关于人民监督办事机构职责的规定。

本条规定了人民监督办事机构的五项职责：一是定期与相关业务部门对监督的案件进行核对；二是对案件监督质量和效果进行分析；三是及时向人民检察院有关机构汇报；四是向相关业务部门反馈；五是书面报告上一级人民监督员办事机构。

**第十二条**［档案管理制度］　应当建立档案管理制度，确定由相关业务部门归档的，按照监督流程，将有关文书及材料按照目录顺序归档备查。

【**说明**】本条是关于案件归档方法的规定。

在办案过程中案卷归档工作是必不可少的。一本完整的案卷，能够反映案件的主要事实，是研究案件、评价案件的重要资料，能够反映人民监督员监督案件的整个过程。健全案件归档方法，能够保障有关案件参与人的合法利益，维护公平正义和国家法律尊严。目前，我国的主要归档方式有电子和书面两种。

**第十三条**［经费保障］　人民检察院为实施人民监督员制度所必需的开支，列入人民检察院公用经费保障范围。

【**说明**】本条是关于人民监督员之经费保障的规定。

本条对经费来源作了规定，即列入人民检察院公用经费，解决人民监督员制度经济方面的后顾之忧。

**第十四条**［救济处理］　人民监督员依法履行职责过程中面临现实危险或者存在危险可能的，可以向人民检察院、司法行政机关请求予以保护。

人民检察院、司法行政机关依法采取有关措施的，有关单位和个人应当配合。

对上述机关保护不力、未采取保护措施以及打击报复的，有权向同级人民代表大会常务委员会提出建议。

【说明】本条是对人民监督员救济处理的规定。

主要目的是为了追求控制犯罪与保障人权的有机统一，为人民监督员进行有效监督提供良好环境，使人民监督员可以在没有威胁或压力的状态下参与监督，免受外部环境的暗示或干扰，保证人民监督员监督的有效性、公正性。对人民监督员进行保护可以鼓励监督员与违法犯罪行为作斗争。人民检察院、司法行政机关依法采取保护措施时，需要其他单位或者个人的配合，如禁止特定人员接触人民监督员可能需要基层群众组织的配合等。

## 第二章 人民监督员的权利与义务

**第十五条** [人民监督员的权利] 人民监督员在履行监督职责时享有下列权利：

（一）依法进行监督，相关人员应当予以配合；

（二）独立监督，不受人民检察院、司法行政机关等机关、团体和个人的干涉；

（三）查阅案卷材料并听取意见；

（四）提出监督意见和建议；

（五）参加培训。

【说明】本条是关于人民监督员享有之权利的规定。

为了保障人民监督员正确履行监督职责，必须赋予其一定权利。根据本条规定，人民监督员依法享有下列权利：

（1）依法进行监督工作。因检察机关在侦办职务犯罪案件时，其性质由监督机关转变为侦查机关，所以在自侦案件中集"自侦、自捕、自诉"为一体，从而引发公众对司法活动公正性的质疑，人民监督员制度就是为完善社会主义监督体制而被迫发起的一项制度。随着监察体制改革的不断发展，人民监督员制度也相应发生改变，不变的是其设立初衷仍是对监督者予以监督，通过人民的"眼睛"，监督检察机关公正执法、保证办案质量以提高公信力。

（2）独立监督不受人民检察院、司法行政机关等机关、团体和个人的干涉。此款是对依法监督原则和独立监督原则的贯彻。人民监督员的监督应当于法有据、依法行使，做任何监督工作的前提是必须依靠法律有序进行，同时，人民监督员对有关案件的监督，不得影响案件的正常办案流程以及公正处理。

（3）查阅案件材料并听取意见的权利。人民监督员在监督工作过程中可以查阅相关案卷材料并了解案情，也可以要求案件承办人介绍案情并回答问题，其中涉及国家秘密、商业秘密、个人隐私等需要保密的信息时，应当告知监督员其保密义务和违反保密义务所带来的不利后果，即在实际运行中应将案件的保密工作与人民监督员的知情权结合起来，既要对保密事项严格保密，又要防止仓促监督。

（4）提出意见和建议的权利。人民监督员的监督方式就是在参加人民检察院组织的有关执法检察活动时，若发现有违法违纪情况的，应当及时提出意见和建议。

（5）参加培训。为了增强监督实效，加强培训是正确理解和把握法律规定的关键。参加培训，不断学习，从而提高素质，是人民监督员的一项重要权利。

第十六条 ［人民监督员的义务］ 人民监督员应当履行下列义务：

（一）严格遵守宪法和法律；

（二）忠于职守，遵守纪律；

（三）保守国家秘密和监督工作秘密；

（四）依法履行监督职责。

【说明】本条是关于人民监督员应当履行之义务的规定。

为了便于有效监督，人民监督员在履行法律赋予的神圣职责时，还应当履行法律规定的相应的义务。根据本条规定，人民监督员主要履行下列义务：

（1）严格遵守宪法和法律。宪法是国家的根本大法，具有最高的法律效力，是一切法律的制定依据。宪法规定了国家的根本制度和根本任务，是我们进行社会主义现代化建设的根本保障。宪法赋予了人民广泛的参政权和监督权，有权参与各项社会管理活动，也有权对国家机关及其工作人员的活动进行监督。人民监督员在履行监督职责时，必须依据宪法和法律的规定，在宪法和法律规定的职权范围内，按照法律规定的程序，依法进行监督活动。因此，严格遵守宪法和法律是人民监督员的首要义务。

（2）忠于职守，遵守纪律。这是对人民监督员自身素质的要求。对监督者予以监督的过程中，只有人民监督员严格要求自己，广大公民才会对监督成果予以认同和信任，否则，将会陷入"谁来监督监督者"问题的无限循环当中。

（3）保守国家秘密和监督工作秘密。人民监督员是依照法律对人民检察院予以监督，为了防止权力的不当行使，也只有作为监督者"眼睛"的人民才是监督权有效制约的源头活水。

这一工作性质要求人民监督员必须具备正确的价值观，因此该条款针对我国法治建设中存在的问题，并结合近些年来我国在试点过程中的实际做法和经验，明确规定了作为一名人民监督员所不得有的行为。这些规定具有较强的针对性，有利于人民群众加强自身素质，维护司法公正。同时注意，人民监督员在监督工作中经常会遇到涉及国家秘密的案件。严格保守国家秘密是一名人民监督员必须具备的素质。对于涉及国家秘密的案件，应当严格按照法律规定的程序办理。根据法律规定，涉及国家秘密的案件一律不公开审理。对于人民监督员在监督具体工作时知悉的当事人的商业秘密和个人隐私，也应当严格按照法律规定处理，不得随意散播。

**第十七条**［行使权利方式］　人民监督员参加人民检察院组织的有关执法检查活动，发现有违法犯罪情况的，应当及时提出意见和建议。

【说明】本条是关于人民监督员行使权利方式的规定。

人民监督员行使权利方式是指人民监督员认为人民检察院行使职权行为违法违纪时，通过提意见和建议，迫使其作出反应、改正。本法的出台使人民监督员的监督效力更具刚性。本书认为该制度目前本质上是社会监督，但它最终应是一种不同于一般社会监督的制度。普通的人民群众所提意见及建议不具有强制约束力，而人民监督员作为符合特定标准、经过特定程序筛选、行使更高层次批评建议权的、有组织形态的特殊社会力量，其对人民检察院办案活动的监督自然具有更高的约束力，因此这种监督具有权利监督属性的同时，更确切地说应该是有权监督。

**第十八条** ［保障措施］　人民检察院应当为人民监督员履行职责提供必要的工作条件：

（一）及时通报重大工作部署、决策和其他检察工作情况；

（二）按照规定向人民监督员通报办理案件工作情况；

（三）邀请人民监督员参加、列席有关会议，参与执法检查、案件公开审查和听证等活动；

（四）提供履行监督职责所需的工作场所；

（五）提供其他履行职责所必需的工作条件。

**【说明】**本条是关于人民检察院对人民监督员履行职责提供的保障措施。

为了顺应全面推进依法治国的战略部署，应当逐步扩大人民监督员之监督范围，完善人民监督员监督程序，充分保障人民监督员的知情权、参与权、表达权、监督权，逐步推进人民监督员制度法制化，因此应当为人民监督员的监督提供必要的保障措施，保障其基本的场所设置、法律知识培训等监督必备条件。

**第十九条** ［对被监督人的限制］　人民检察院应当严格按照规定接受人民监督员的监督，不得诱导、规避、限制人民监督员对案件的监督，不得干扰、阻碍人民监督员对案件的评议和表决，不得泄露人民监督员的评议、表决情况。

**【说明】**人民监督员的监督具有独立性，不得受到外来因素的干预。人民监督员的评议属于秘密评议，评议过程不得对外公开，其主要目的还是为了保障人民监督员的监督能够更加独立，使监督的过程更加公正。

**第二十条** ［保护性规定］　对阻碍其履行职责或者打击报复人民监督员的，人民监督员有权向上级人民监督员办事机构报告，或者向纪检监察机关控告；构成犯罪的，司法机关应当依法追究刑事责任。

【说明】本条是对人民监督员的保护性规定。

阻碍人民监督员履行监督职责，甚至打击报复的，该条款规定了两项责任：一是由纪检监察机关依法依纪处理；二是追究刑事责任，以期加强对人民监督员的保护。

第二十一条 ［有效监督条件保障措施］ 人民检察院应当建立与人民监督员工作单位的沟通协商机制，确保人民监督员有条件参加监督活动。

应当建立人民监督员知情权保障、监督事项告知制度、参与案件跟踪回访以及执法检查等机制。

【说明】本条是关于对人民监督员监督条件保障措施的规定。

沟通协商机制：充分的沟通有利于提高案件处理的效率，这就需要三机关做好沟通联络工作，例如当有案件需要人民监督员监督时，检察院办事机构及时通知监督员，并告知案件时间和地点。

知情权保障制度：针对目前的实践情况，作为监督对象的检察机关控制着案件信息，而监督主体则处于被动获悉信息的状态。人民监督员与检察机关的信息不对称，人民监督员获取信息的渠道太少，其必要的知情权得不到保障，使得其监督成效受到影响。实践中部分地方尝试让人民监督员参与检察长接待日，回访犯罪嫌疑人、受害人，参与接受申诉、涉检信访等都是一些有效的方法。

告知制度：检察机关接待职务犯罪案件举报人、申诉人时，应告知其在案件处理完毕后，对处理结果有不同意见的，可以向人民监督员反映。检察机关在查办职务犯罪案件的侦查、审查逮捕、审查起诉等诉讼环节第一次讯问犯罪嫌疑人时，执行搜查、扣押时以及执行冻结后，应向举报人、申诉人、犯罪嫌疑人及其近亲属告知有关人民监督员监督事项的内容。

案件跟踪回访、执法检查等机制：检察机关开展职务犯罪案件跟踪回访、执法检查、执法评议等工作，可以邀请、组织人民监督员参加。在查封、扣押职务犯罪案件犯罪嫌疑人财物和文件时，可以邀请人民监督员现场监督。

**第二十二条** ［补助］　人民监督员因履行职责所支出的交通、住宿、就餐、通讯等费用，人民检察院应当给予补助。

**【说明】** 本条是关于对人民监督员因履行监督职责支出的费用给予补助的规定。

根据本条规定，人民监督员因履行职责所支出的交通、住宿、就餐、通讯等费用，人民检察院应当给予适当补助。补助的范围是人民监督员因履行监督职责支出的交通、住宿、就餐、通讯等费用。补助的标准应当是根据实际支出情况适当予以补助，不宜定得太高，具体可由人民检察院规定。

## 第三章　人民监督员的选任与管理

**第二十三条** ［选任条件］　担任人民监督员应当具备下列条件：

（一）具有中华人民共和国国籍；

（二）拥护中华人民共和国宪法；

（三）有良好的政治素质和品行；

（四）有高中以上文化知识水平；

（五）年满二十三周岁；

（六）具有胜任监督职责的身体条件。

**【说明】** 本条是关于担任人民监督员必须具备之条件的规定。

人民监督员必须同时具备下列条件：①具有中华人民共和国国籍。即人民监督员必须是中国公民，不能是外国人或者无国籍人。同时根据《中华人民共和国国籍法》的规定，我国不承认双重国籍，因此，人民监督员也不得在拥有中国国籍的同时取得其他国的国籍。②拥护中华人民共和国宪法。宪法是根本大法，是制定其他法律的依据，拥护中华人民共和国宪法要求人民监督员不但应当遵守宪法，还应当在监督活动中时刻维护宪法的尊严。③有良好的政治素质和品行。这里强调人民监督员应当具有良好的品德和言行，自觉维护社会公德、遵守职业道德、举止文明等，只有这样才能保证公正地行使监督职责。④有高中以上文化知识水平。之所以只规定高中学历，主要是从人民监督员职责定位出发，并考虑实际情况。该项是对人民监督员的学历要求，既要体现人民性，故而学历要求不应过高；又要保证监督工作的有效开展，需要形成自己的价值观，因此"高中以上"的要求比较合理。⑤年满23周岁。应当注意的是，这里规定的年满23周岁是担任人民监督员所必须达到的最低年龄条件。客观地讲，人民监督员的职业特点不仅要求体现广泛的人民性，还要具有较为丰富的社会阅历、人生经验，以及处理各种复杂问题的能力。如果人民监督员过于年轻，则监督实效很难达到。因此，立法将人民监督员的年龄规定为年满23周岁是较为合适的。⑥具有胜任监督职责的身体条件。这是指在被选为人民监督员时，该人应当身体健康，即人民监督员的体质应当能胜任所担负的监督工作，这是对人民监督员身体素质方面的要求。

**第二十四条** ［选任资格的禁止性规定］ 下列人员不得担任人民监督员：

（一）受过刑事处罚或正在受到刑事追究的；

（二）受过行政拘留处罚的；

（三）受过开除公职以上处分或者纪律处分的；

（四）其他不得担任人民监督员的情形。

**【说明】** 本条是关于不得担任人民监督员的规定。

本条款规定了担任人民监督员的消极条件，凡是有第 1~3 项规定的情形之一的，都不能担任人民监督员，第 4 项规定属于兜底条款。

**第二十五条** ［选任资格的限制性规定］ 下列人员不宜担任人民监督员：

（一）党委、政府及其组成部门的负责人；

（二）人民代表大会常务委员会组成人员；

（三）监察委员会、人民法院、人民检察院、公安机关、国家安全机关、司法行政机关的工作人员；

（四）人民陪审员；

（五）其他因职务原因可能影响履行人民监督员职责的人员。

**【说明】** 本条是关于不宜担任人民监督员的规定。

除了正面列举条件外，进一步严格了选任的排除情形，本条款规定了可能影响履行人民监督员职责的人员不宜担任人民监督员。主要从人民监督员制度属性出发，从监督权特点考虑，不再将那些可能因身份、职务原因影响公正履行监督职责的人员列入选任对象，主要包括人民代表大会常务委员会组成人员、特定国家机关工作人员以及其他不宜担任人民监督员的人员，该限制条件主要出于以下考虑：一方面，防止正常的监督制约关系混乱；另一方面，避免因职业特点左右人民监督员在履行监督职责时的客观判断，故而不应当允许这些人员作为人民监督员。实践中，正在受到刑事追究的，因违法违纪被辞退的，具有人民法院失信被执行人记录或人民检察院行贿档案记录的人员以及党委、政府及组成部门的负责人，纪检监察机关、党委政法委机关的在职工作人员等因违法违纪或者职务原因可能影响履行人民监督员职责的人员也不宜列为选任对象。

第二十六条　[级别设置]　人民监督员分为省级人民检察院和设区的市级人民检察院人民监督员。

省级人民检察院人民监督员监督省级和设区的市级人民检察院办理犯罪案件。其中，直辖市人民检察院人民监督员监督直辖市各级人民检察院办理犯罪案件。设区的市级人民检察院人民监督员监督县级人民检察院办理犯罪案件。

【说明】本条是关于人民监督员之级别设置的规定。

为了保证人民监督员的独立性和监督的实效性，避免一个地方的监督案件基本上由本地监督员垄断，导致监督流于形式，甚至形成"监督专业户"，因此在试点实践中没有依照人民检察院司法层级和司法行政机关的行政层级进行设置，而是分为省级以及设区的市级，该分类主要基于人民监督员监督的范围而设定，根据检察院的级别、地域进行分类。

第二十七条　[任期]　人民监督员每届任期五年，连续担任人民监督员不得超过两届。

公民不得同时在两个以上的省、市级地区担任人民监督员。省级人民监督员和设区的市级监督员不得兼任。

【说明】本条是关于人民监督员之任期的规定。

人民检察院由人大产生，对人大负责，受人大监督，其职权来源于人民，不仅要接受人大宏观上的监督，还应接受人民的个案监督。人大监督和人民监督员监督同属于人民行使监督职权，故人民监督员的任期应与人大代表的任期相同。明确任期既能够保障人民监督员的固定性和流动性，又能增强人民的责任感和法治观念，有利于明确划分交接双方的责任和权限。

**第二十八条**［名额分布］ 司法行政机关应当根据本辖区案件数量、人口、地域、民族等因素，结合人民检察院办理犯罪案件情况合理确定人民监督员的名额及分布。

【说明】本条是关于人民监督员名额及分布情况的规定。

司法行政机关应当根据案件数量、人口、地域、民族等因素确定人民监督员的名额及分布。在案件数量较多的地区，应当分配数量相对较多的人民监督员。不同民族、不同职业都应当分配一定比例的人民监督员，保证人人都享有《中华人民共和国宪法》规定的权利。同时，人民监督员应当根据案件情况的种类，具体确定人民监督员的名额。

**第二十九条**［衔接机制］ 人民检察院和司法行政机关应当建立工作协调机制，确保人民监督员选任、管理和使用相衔接，为人民监督员依法履职提供条件，保障人民监督员依法充分履行职责。

【说明】本条是关于人民监督员与人民检察院工作之衔接的规定。

　　人民监督员选任机关曾经过数次变迁。在 2010 年《最高人民检察院关于实行人民监督员制度的规定》发布之前，人民监督员的选任交由检察机关，使得人民监督员的权力来源于检察院内部，后来的《最高人民检察院关于实行人民监督员制度的规定》将省级以下人民检察院人民监督员的选任级别由本级选任改为上调一级，虽然可以适当摆脱本级检察机关的束缚，但仍脱离不开检察机关的控制。直至 2015 年《深化人民监督员制度改革方案》规定将选任主体交由司法行政机关，突破了检察院的"枷锁"，是人民监督员选任程序之外部性的一大有益探索。

　　现阶段，人民监督员交由司法行政机关选任管理，在进行具体案件监督时，必然需要相关机关的配合协调。各地探索建立人民监督员查阅案件台账制度、人民监督员接待日、人民监督员监督事项告知制度等，使得监督工作在顺利进行的同时可以保障监督的公开、公正。

　　**第三十条**［选任机关］　人民监督员由省级和设区的市级司法行政机关负责选任。县级司法行政机关按照上级司法行政机关的要求，协助做好本行政区域内人民监督员选任具体工作。

　　司法行政机关应当健全工作机构，选配工作人员，完善选任制度机制，保障人民监督员选任工作依法有序进行。

　　【说明】本条是关于人民监督员选任机关的规定。

　　人民监督员制度是人民群众有序参与、监督司法的直接形式。考虑到基层检察机关办理职务犯罪案件的数量等实际，建议主要由省、市两级司法行政机关选任和管理人民监督员，基层司法行政机关不选任人民监督员。由司法行政机关负责选任管理人民监督员，不仅实现了人民监督员选任管理的外部化，也是推动人民监督员制度法治化的重要举措。同时司法行政机关还负责人民监督员的培训、考核、奖惩等一系列工作，有利于实现行政事务的统一、高效、有序管理。

**第三十一条** ［选任方式］ 省级、地市级司法行政机关可以商请有关机关、团体、企事业单位和基层组织推荐人民监督员人选；公民个人可以向本人工作单位、户籍所在地或者经常居住地的省、市级司法行政机关自荐报名。

【说明】 本条是关于人民监督员之选任方式的规定。

人民监督员的选任有两种方式：一是推荐选任；二是自荐选任。我们认为应当采取自荐为主、推荐为辅的方式，这可以有效降低各企事业单位或基层组织的领导或个人为了个人利益进行暗箱操作的可能性，有利于提高人民监督员参与监督事务的积极性，提高人民群众积极参与司法事务的热情，提升检察机关行使职权的公开性与民主性。

**第三十二条** ［发布公告］ 省、市级司法行政机关应当在选任工作开始前一个月向社会公告选任人民监督员名额、选任程序等相关事项。

【说明】 本条是关于司法行政机关选任人民监督员应向社会公告的有关规定。

为使公民了解人民监督员制度，司法行政机关应当及时向社会公告，以便人民积极参与监督工作。

**第三十三条** ［资格审查］ 省、市级司法行政机关应当对被推荐人和申请人的有关情况进行审查。必要时，应当到公民所在单位、户籍所在地或经常居住地进行考察。根据审查、考察结果和人民监督员名额确定拟任人民监督员人选。

人民监督员人选中具有公务员或者事业单位在编工作人员身份的人员，一般不应超过选任总数的百分之四十。

【说明】本条是关于对选任的人民监督员予以资格审查的有关规定。

本条款规定了司法行政机关对公民是否具备人民监督员条件进行审查，必要时进行考察（即要求司法行政机关采取到所在单位、社区实地走访了解、听取群众代表和基层组织意见、组织进行面谈等多种形式来考察），体现了对人民监督员之素质、品性、家庭等的要求，以体现该制度的广泛代表性。

第2款规定体现了人民监督员组成人员的独立性。人民监督员并非来自检察院内部，而是来自社会各个不同的岗位，分布在不同的阶层，拥有不同的身份，其本身就有广泛的代表性。被抽选出的人民监督员如果是当事人的近亲属或者与当事人有利害关系，则不得担任该案件的人民监督员。在这样的情况下，人民监督员更不易被各种利益所驱动，不易被诸多人为因素所扰乱，使得广大人民群众更容易接受监督结果。因此，吸纳了社会各界人士的人民监督员制度是一种外部监督制度。但本书认为，该规定虽然可以在一定程度上解决人民监督员队伍中机关、团体、事业单位工作人员所占比例过高的问题，但40%的比例上限仍过高，不能从根本上解决该问题。特别是人民监督员制度主要针对的检察机关的自侦权的暂停以及反腐职能的转隶，对附之产生的人民监督员的走向愈发迷茫。为满足人民群众反腐倡廉的巨大热情，贯彻"人民参与国家公共事务"的宪法理念，保证民众有效参与反腐工作，笔者建议可将人民检察院的人民监督员与行政监察机关的特邀监察员整合成新的人民监督员制度，共同对行使监察职权的监察委员会进行外部监督。

**第三十四条** ［社会公示］ 省级、设区的市级司法行政机关根据本法第二十三条、第二十四条、第二十五条的规定，组织对推荐和自荐人选进行考察，提出拟任人民监督员人选并向社会公示，公示时间不少于七日。公示中发现有不符合人民监督员选任条件的，经调查核实，应当取消其拟任资格。

**【说明】** 本条是关于对人民监督员候选人进行公示的规定。

对人民监督员候选人进行公示，保证人民能够了解、监督人民监督员，同时也可以进一步保障所选的候选人符合"人民监督员法"所规定的条件。对候选人进行公示，可以从源头上严把人民监督员的"入口关"，从而能够保证所推举的人民监督员是遵守宪法和法律、廉洁自律、公道正派、有良好社会形象的先进分子，保证所推荐的人民监督员是能够切实履行好职责的人员。

**第三十五条** ［公布］ 人民监督员人选经过公示无异议或者经审查异议不成立的，由司法行政机关作出人民监督员选任决定、颁发证书，向社会公布。

**【说明】** 本条是关于选定人民监督员后之处理的规定。

经过公示，在无异议或者经审查异议不成立的情况下，人民监督员正式任职。颁发证书是形式要件，便于证明人民监督员身份，使其监督工作更为规范；公布是必经程序，能够方便公民提出意见和建议，方便监督。

**第三十六条** ［信息共享机制］ 司法行政机关应当建立人民监督员信息库，与人民检察院实现信息共享。

人民检察院、司法行政机关应当公开人民监督员的姓名和联系方式，便于群众向人民监督员反映情况和提供建议。

**【说明】** 本条是关于人民监督员之信息共享的规定。

在管理与使用衔接方面，司法行政机关通过建立人民监督员信息库，与人民检察院实现信息共享，对于人民检察院办理的案件需要人民监督员进行监督的，由省级和设区的市级人民检察院会同司法行政机关在人民监督员信息库中以随机抽选方式产生参加人员名单。人民监督员名单确定后，由司法行政机关告知该人民监督员并提供相关便利。公平、公正、公开是基本原则，避免人为操作、暗箱操作，实现检察机关与具体承办监督工作之人民监督员确定之间的隔离。

**第三十七条** ［随机抽取］　司法行政机关从人民监督员信息库中随机抽取，联络确定参加监督的人民监督员，并通报人民检察院。

**【说明】** 本条是关于随机抽取人民监督员的规定。

针对具体案件，采用从人民监督员信息库中随机抽取的方式，能够防止事前串通，从而做到有效监督。同时，选取人民监督员主要是从人民监督员数据库中进行"随机"的抽取，以便能够保障人民监督员监督的灵活性，也能防止徇私舞弊等情况的发生。

**第三十八条** ［回避］　人民监督员有下列情形之一的，应当自行回避：

（一）本人是监督案件的当事人或者当事人近亲属的；

（二）与监督案件有利害关系的；

（三）担任过监督案件的证人、鉴定人、辩护人、诉讼代理人的；

（四）与本案有其他关系，可能影响公正履行案件监督职责的。

案件当事人及其法定代理人发现人民监督员有需要回避情形的，有权提出申请，要求人民监督员回避。

人民检察院发现人民监督员有需要回避情形的，应当及时通知司法行政机关决定人民监督员回避，或者要求人民监督员回避。

【说明】本条是关于人民监督员回避事由和回避形式的规定。

人民监督员制度中的回避，是指人民监督员与案件有法定的利害关系或者其他可能影响案件公正处理的关系，而不得参与该案监督活动的一种制度。在人民监督员制度中，实行回避制度的重大意义在于：有利于案件的公正处理；有利于增强当事人及其法定代理人对人民监督员的信任；维护法律的权威；体现人民监督员制度的民主性。

（1）回避的事由。本条规定了四种回避事由，具体而言：①是监督案件的当事人或者当事人近亲属的。所谓本案的当事人，是指本案的被害人、自诉人、犯罪嫌疑人、被告人、附带民事诉讼原告人和被告人；所谓当事人的近亲属，是指上述人员的夫、妻、父、母、子、女、同胞兄弟姐妹。此外，人民监督员如果与当事人有直系血亲、三代以内旁系血亲及姻亲关系的，或者与本案的代理人、辩护人有夫妻、父母、子女或者同胞兄弟姐妹关系的，也在回避之列。②与监督案件有利害关系。如果与案件的处理结果存在一定的利害关系，这同样可能影响他们公正监督案件。③担任过监督案件的证人、鉴定人、辩护人、诉讼代理人的。这类人员因其在诉讼中的特定身份和法律职责而预先了解案情，难免会先入为主，影响案件的事实认定和公正处理。④与本案有其他关系，可能影响公正履行案件监督职责的。未具体规定"其他内容"，是因无法将可能影响公正监督的所有情况一一列举。

（2）回避的形式。①自行回避。自行回避是指应当回避的人民监督员遇有上述回避事由时，主动提起回避，这是人民监督员的责任，是其积极维护司法公正的体现。②申请回避。申请回避既是当事人及其法定代理人的一项权利，也是检察机关告知当事人及其法定代理人申请回避权利的义务。③决定回避。具有法定应当回避情形的，人民监督员没有提出回避，或者当事人及其法定代理人没有要求其回避的，人民检察院应当决定其回避。这样的制度安排，使得人民监督员不易被各种利益所驱动，不易被诸多人为因素所扰乱，使得广大人民群众更容易接受监督结果，有利于保障诉讼公正和司法机关的权威。

**第三十九条**［培训］　应当建立人民监督员培训制度，司法行政机关会同人民检察院组织开展人民监督员初任培训和专项培训。

【说明】本条是关于对人民监督员开展培训的规定。

对于缺乏专业知识又缺乏监督经验的人民监督员来说，加强对他们的业务培训，使其充分了解案件处理的法定程序、业务流程、相关的实体法规定，掌握基本的监督业务技能，十分重要。

在培训方面，司法行政机关应当会同人民检察院制定培训规划和年度计划，有针对性地编写教材、组建师资库，确定合适的培训机构，做好培训管理工作。培训分为初任培训和专项业务培训。考虑到人民监督员都有各自本职工作，组织的培训应当尽量提前通知，方便监督员合理安排时间，确保能够参加培训。初任培训由司法行政机关负责组织进行，内容应当主要包括人民监督员的职责、监督实务以及管理要求等；专项业务培训应当由司法行政机关根据人民检察院的建议组织进行，内容应当侧重于办案实务、业务知识、监督案例等。

**第四十条** ［辞职］ 具有下列情形之一的，人民监督员可以辞去职务：

（一）因职务调整，出现本法第二十五条情形的；

（二）因身体健康原因不能正常履职的；

（三）因违纪违法犯罪被审查、揭发和起诉的；

（四）其他影响履职的重大事项。

人民监督员辞去职务的，作出选任决定的司法行政机关应当向社会公布。

**【说明】** 本条是关于人民监督员辞职的规定。

辞职是指由司法行政机关依法选出的人民监督员向司法行政机关提出辞去职务的行为。人民监督员辞职应当遵从有关法律的规定，人民监督员在辞去职务之后，应当对其在任职期间获知的国家秘密、个人秘密进行保密，并且不能做出与担任人民监督员期间进行监督的案件有冲突的行为。

**第四十一条** ［免职］ 人民监督员具有下列情形之一的，应当依法提请免除其职务：

（一）丧失中华人民共和国国籍的；

（二）丧失行为能力的；

（三）年度考核不合格的；

（四）在选任中弄虚作假，提供不实材料的；

（五）严重违纪以及违法犯罪的。

**【说明】**　本条是关于免除人民监督员职务条件的规定。

本条规定了五种应当免除人民监督员职务的情形，即①丧失中华人民共和国国籍的。根据本法第 23 条的规定，担任我国人民监督员的首要条件就是要具有中华人民共和国国籍。因此，如果其丧失了中华人民共和国国籍，即不具备担任人民监督员的条件。这里所说的"丧失中华人民共和国国籍"，既包括定居外国的中国公民，自愿加入或者取得外国国籍的人；也包括中国公民是外国人的近亲属或者定居在外国或者有其他正当理由，向我国有关部门申请退出中国国籍并获得批准的情况。这两种情况一种是自动丧失中国国籍，一种是退出中国国籍。②丧失行为能力的。人民监督员的特点决定了其不仅要有一定的政治素质和专业知识，同时还要具有良好的身体素质，这样才能够真正承担起监督职责。对于丧失行为能力长期不能履行职务的，应依法免除其人民监督员职务。③年度考核不合格的。本条规定的"考核"，是严格意义上的考核，是指国家根据相关的法律、法规和政策，按照严格的条件和程序，对人民监督员的行为进行的评定，而不是就某一事件作出的处理。④在选任中弄虚作假，提供不实材料的。选任过程中，因自身虚假行为获得任职机会的，违反诚信原则，道德上的欠缺也决定了其无法真正履行监督职责。⑤违纪、违法犯罪的。这种情形既包括违反党纪、政纪及违反法律的行为，也包括违反本法所规定的禁止性行为。

**第四十二条**　[免职后的处理]　人民监督员被免除职务的，作出选任决定的省、市级司法行政机关应书面通知被免职者本人及其所在单位、户籍所在地或经常居住地基层组织。

**【说明】**　本条是关于人民监督员被免除职务后的规定。

人民监督员被免除职务后应当通知被免职者本人及其所在单位、户籍所在地或经常居住地基层组织，主要原因是为下一届选举或者进行补选等做好准备。

**第四十三条** ［增选与补选］ 确因工作需要，可以增选人民监督员。人民监督员因故缺额超过三分之一的，司法行政机关应当按程序及时组织补选。增补人民监督员按照选任规定执行。

【说明】本条是关于人民监督员增选和补选的规定。

因为工作需要，可以增补人民监督员。在人民监督员因故缺额超过1/3时，应当进行补选。此举可保障人民监督员能够有效实施监督，防止因人手不足而造成监督不到位等情况的发生。

增选、补选程序应当按照选任的程序进行，对于增选、补选的人员应当进行公示。

## 第四章　人民监督员的监督工作程序

**第四十四条** ［人员组织机构］ 人民监督员监督省级人民检察院提交人民监督员监督的案件，应当由本级人民检察院组织人民监督员监督。

人民监督员监督省级以下人民检察院提交人民监督员监督的案件，应当由上一级人民检察院组织人民监督员监督。

省、自治区、直辖市人民检察院办理的或者根据下级人民检察院报请作出决定的案件，应当接受人民监督员监督，由本级人民检察院组织人民监督员进行监督。

【说明】本条是关于人民监督员人员组织机构的规定。

省级以下人民检察院提交的案件由被监督者的上一级机关随机抽取人民监督员进行监督。省级人民检察院办理的或者作出决定的案件，由本院组织人民监督员进行监督。上提一级的规定能够最大限度地强化内部监督制约，这是优化检察职权配置、强化对检察机关自身执法监督制约的一大举措，客观上加强了对检察权运行的监督和制约，有利于保障被监督案件中利益相关人的合法权益。

**第四十五条**　[启动方式]　人民监督员认为人民检察院办理的案件具有本法第六条规定情形之一，有权要求启动人民监督员监督程序的，由人民检察院人民监督员办事机构受理。

当事人及其辩护人、诉讼代理人或者控告人、举报人、申诉人以及其他机关、人民群众认为人民检察院办理的案件具有本法第六条情形之一，申请启动人民监督员监督程序的，由人民检察院控告检察部门受理。

**【说明】**本条是关于人民监督员启动监督程序方式的规定。

在监督程序启动前应当做好充足的准备工作，被监督机关应当积极配合人民监督员的监督，为人民监督员的监督做好支持和准备工作。

人民监督员监督的启动有两种方式：一是依职权启动；二是依申请启动。所谓"依职权启动"是指监督员在监督检察机关办理职务犯罪案件时，对于符合本法第6条规定的案件应当自动进入监督程序的运行之中。因为从具体的实践来看，以上情形的启动往往有直接启动的特点，也是人民监督员监督案件时最常见的情况。而且这类案件更加关系到犯罪嫌疑人、被告人和受害人的切身利益，理应越过重重复杂条件，直接进入监督程序。所谓"依申请启动"，实际上是与依职权启动相对而言的。这里的"依申请"包括三种情形：一是其他机关提出的；二是人民群众反映的；三是当事人及其辩护人、诉讼代理人或者控告人、举报人、申诉人认为具有本法第 6 条情形之一，侵犯到其自身合法利益的，可以请求人民监督员启动案件监督程序，监督员是否启动监督程序应该是依靠监督员自身对于这些案件情况的了解，在洞悉情况之后再作出是否申请监督的决定。这样的制度设计使得启动程序更具操作性。

**第四十六条** ［启动前审查］　人民检察院对于要求启动人民监督员监督程序的，应当由人民监督员办事机构或者专人进行审查，并在三日内提出拟办意见报检察长批准。

对不属于人民监督员监督管辖范围的，应当及时告知申请启动的组织或个人。启动部门有权申请复议，对复议决定不服的，有权向上一级机关复核。

【说明】本条是关于人民监督员监督前进行审查程序的规定。

启动人民监督员监督程序前，人民监督员办事机构或者专人应当进行审查。审查的主要目的是将有关案件交由其所属机关部门负责，防止在监督过程中出现监督错误。通过人民监督员进行的监督前审查可以掌握案件的有关情况，发现案件线索，从而保障案件的有效监督，为公正监督打下坚实的基础。监督前审查能够有效提高监督效率。对于重大、复杂案件及涉及面广的案件，通过审查可明确案件的重点和焦点，保证监督有效展开，缓解案多人少的弊端。通过审查，可明确案件是否真正需要监督，防止监督权力滥用，从而达到保障人权和司法公正的目的。

本条第 2 款是关于违法启动监督程序之救济的规定。当审查认为不属于人民监督员监督评议范围时，启动部门有权申请复议、复核，以此保障自身的权益。

**第四十七条** ［抽选程序］　以随机抽选的方式，确定参与案件监督的人民监督员。

参与案件监督的人民监督员确定后，人民监督员办事机构应当及时通知参与案件监督的人民监督员和被监督部门，并告知监督案件的时间和地点。

**【说明】** 本条是关于人民监督员抽选程序的规定。

如何从已有的人民监督员名单中选择人民监督员进行监督，本条第 1 款确立了"随机抽选"方式，以保证公正而有效的监督。第 2 款规定为保证监督评议工作的顺利进行，人民监督员办事机构应当及时通知参与案件监督的人民监督员和案件承办部门，并告知监督案件的时间和地点，以便人民监督员积极参与监督工作。

**第四十八条** ［监督人数］　监督评议案件，应当有三名以上单数的人民监督员参与。重大案件或者在当地有重大影响的案件，应当有五名以上单数的人民监督员参与案件监督评议工作。

**【说明】** 本条是关于人民监督员参与案件人员人数的规定。

人民监督员监督评议应当是单数，如果意见分歧，应当按多数人的意见作出决定。遇有重大案件或者在当地有重大影响的案件时，交由 5 名以上的人民监督员监督评议，体现监督工作的民主性和谨慎性。

**第四十九条** ［审查材料］　省级以下人民检察院相关部门承办第四十六条规定情形的，应当在收到人民监督员办事机构或者专人移送的相关材料之日起三十日内将拟处理意见、主要证据目录、相关法律规定等材料通过该人民监督员办事机构或者专人报送上一级人民检察院，并做好接受监督的准备。

【说明】本条是关于抽选衔接程序的规定。

人民监督员在经过抽选程序之后，将确定具体案件的监督员并开始对具体案件进行监督。因此，有关人民监督员的办事机构应当辅助人民监督员的工作，将案件情况及时传达，同时做好有关准备工作。

**第五十条** ［补充移送］ 人民监督员办事机构或者专人收到案件承办部门移送的有关案件材料后，应当及时审查。对于材料不齐备的，应当要求承办部门补充移送。

【说明】本条是关于对人民监督员移送资料进行审查的规定。

明确审查材料的期限，对于保障人民监督员监督工作的顺利开展具有重要意义。但是本书认为，人民监督员监督评议案件单方面获取信息材料的有限性将会产生人民监督员能否独立且中立监督的质疑，同时产生对案件主动监督还是被动监督的选择疑虑以及如何解决具体案件监督效力微弱的思考。检察院侦查的案件多数是大案要案，有些案件单是寻找证据就需要一年半载，所以资料的数量之多可以预见，即使是专业的法律人员想要在这些资料中找到问题也需要一段时间，何况是人民监督员。这就会导致两种结果：要么就是监督员索性不监督，要么就是真的找不到问题，无论哪种结果都不是我们愿意看到的。何况，只看材料并不能保证能够真实地了解情况，没有调查权的监督容易流于形式，长此以往将会大大削弱监督的效力。对于人民监督员何时进行监督，也只能由检察机关被动启动。按照现行规定，人民监督员不能主动行使监督权，这种制度设计使人员监督员的监督相对来说有一定的滞后性，监督的真实性和有效性将大打折扣。对于人民监督员是否应当被赋予调查权，也需结合当前的法治背景和社会需求。根据十八届三中全会的要求，全国检察系统应广泛实行监督员制度。在这样的背景之下，赋予监督员一定范围内的调查权是可行的。给予人民监督员一定的调查权可以使被动监督变为主动监督，也可以使事后监督变成事中监督加事后监督。这种执法态度和执法形式的转变不仅有利于调动监督人员的积极性，也可以丰富监督的手段，保证监督的效果。这里所说的调查权不是像检察机关和公安机关的调查权那样贯穿案件的全过程，它只是在立案、侦查、逮捕等关键环节实施，调查的手段也比较简单，比如单独询问犯罪嫌疑人执法人员的执法行为是否有程序上的瑕疵；或者与执法机关一起执法，避免其在执法期间出纰漏。当然这种调查权应该被严格地加以限制，以防止过度干预司法权力。

2015 年《深化人民监督员制度改革方案》在第二部分之"（四）完善人民监督员监督程序"中具有建设性的一项改革是关于犯罪嫌疑人意见表达程序的设置，其规定"必要时，人民监督员可以通过收听收看讯问犯罪嫌疑人相关录音录像了解当事人的意见"，使得人民监督员对犯罪嫌疑人有相对直观的认识，以及对案情有更为客观的理解。

**第五十一条**［案件材料出示］　案件监督过程中，人民监督员有权查阅相关案件材料，并要求播放相关视听资料。必要时，人民监督员有权要求案件承办人作出说明。

【说明】本条是关于在移送案件材料后，进行及时审查和补充移送的规定。

补充移送，是指在监督中，发现案件材料不齐备，从而导致事实不清、证据不足或者有其他遗漏的情况下，需要有关机关进行补充移送等工作的一系列活动。根据本法规定，明确提出应当对案件进行审查，在审查中明确可以由人民监督员监督的案件，人民监督员应当对其有关材料进行重点审查，明确案件中需要监督的事项。对人民检察院没有移送的材料应当及时通知其进行移送，从而使其对案件的具体情况有清楚的了解，从而实现有效监督。

**第五十二条** ［监督工作步骤］ 案件监督工作应当依照下列步骤进行：

（一）人民监督员办事机构向人民监督员提交主要证据目录、相关法律规定以及拟处理决定（意见）书；

（二）案件承办人向人民监督员介绍案情，说明拟处理决定（意见）的理由和依据；

（三）案件承办人回答人民监督员提出的问题；

（四）人民监督员进行评议和表决。

【说明】本条是关于案件监督过程中，案件材料出示的有关规定。

相关案件材料在之前材料提交以及补充材料的过程中没有提交或者在当时没有必要提交的，在案件监督过程中，人民监督员有权查阅相关材料，或被监督机关应当为其提供相关材料。必要时，被监督机关应当就材料中的有关情况予以说明。对于材料中涉及的国家秘密或者个人隐私，人民监督员应当进行保密。

**第五十三条** ［评议表决程序］ 人民监督员根据案件情况，推举一名主持人，独立进行评议、表决。

人民监督员在评议时，可以对案件事实、证据和法律适用情况、办案程序、是否同意拟处理决定（意见）及案件的社会反映等情况充分发表意见并说明理由。

人民监督员进行评议时，如果出现意见分歧，应当按多数人的意见作出决定，但是少数人的意见应当记入笔录。评议笔录由人民监督员签名。

人民监督员在评议后，应当形成表决意见，制作《人民监督员表决意见书》，说明表决情况、结果和理由。

人民监督员进行评议和表决时，案件承办人和其他工作人员应当回避。

【说明】本条是关于人民监督员评议表决程序的规定。

监督评议和表决程序是人民监督员在对案件进行审查判断的基础上，达成内心确信和形成监督意见的最终环节。2015年《深化人民监督员制度改革方案》中并未设置"人民监督员集中评议"这一环节，而是着重强调人民监督员对于案件的评议和表决应当独立进行。这是为了充分保证每位人民监督员在审查案件后的内心确认形成不受外界干扰，避免以集体意见替代个人意见。但是，在相对封闭状态下的人民监督员评议和表决程序还是需要组织和协调的。人民监督员监督评议和表决程序可以采取随机抽选的方式确定一名主持人，而主持人只对表决和评议的程序负责，比如宣布评议开始和结束、发放和收回《人民监督员表决意见书》、汇总和统计表决结果等，但是不得发表任何关于案件处理的个人倾向性意见和看法，不干涉人民监督员各自评议和表决的具体内容。另外，根据现行规定可以看出，人民监督员监督评议和表决具有全面性，不仅涉及案件事实，而且还涉及法律适用问题。对此可以考虑借鉴国外关于陪审团的成功经验，科学确定人民监督员评议和表决之事项，将人民监督员的评议和表决事项主要限定在案件事实判断方面，避免其就专业的法律适用问题作出判断，从而切实保障人民监督员监督的质量和效果。

**第五十四条** ［限制规定］ 人民检察院应当根据案件查办程序、办案期限等情况，及时接受人民监督员监督，不得因人民监督员的监督而超过法定办案期限；犯罪嫌疑人在押的，不得因人民监督员的监督而超期羁押。

【说明】 本条是关于对人民监督员进行监督的限制性规定。

人民监督员的监督并不是肆意的监督，应当是在不影响人民检察院办理案件的前提下进行监督。人民检察院必须保证案件的诉讼程序以及办案期限符合《中华人民共和国刑事诉讼法》等法律的规定。同时，人民监督员的监督不得影响法定的办案期限，人民检察院不得对犯罪嫌疑人进行超期羁押，不得因监督而侵害犯罪嫌疑人的合法权益。

**第五十五条** ［评议移送］ 组织案件监督的人民监督员办事机构应当及时将人民监督员评议情况和表决意见移送承办案件的人民检察院。

【说明】 本条是关于监督后将评议情况和表决意见进行移送的规定，主要是保障人民检察院的知情权。

**第五十六条** ［审查处理程序］ 承办案件的人民检察院应当对人民监督员的表决意见进行审查。检察长不同意人民监督员表决意见的，应当提交检察委员会讨论决定，该处理决定与人民监督员表决意见不一致的，应当向参与监督的人民监督员说明理由和依据。

【说明】 本条是关于人民监督员与检察长意见不一致时的处

理程序的规定。

在人民监督员与检察长意见不一致时，应当提交检察委员会讨论决定。经过一系列调查、核实，能使决定更加准确且使监督更有效。

**第五十七条**［复议程序］　人民检察院处理决定未采纳多数人民监督员评议表决意见，经反馈说明后，多数人民监督员仍有异议的，应当提请人民检察院复议一次。

【说明】本条是关于人民监督员监督救济程序的规定。

对监督效力的质疑和争论从未停歇，监督效力的疲弱更多地体现在此制度中关于监督救济程序的问题上。最初，人民监督员闭门评议结果出来之后，若与办案部门的意见一致，案件将按照《中华人民共和国刑事诉讼法》的相关规定继续进行；若不同意办案部门的意见，相关材料将被报送同级人民检察院的检察委员会，由检委会作出决议，检委会的意见与监督意见一致的，办案部门按照检委会的决议继续推进；若检委会反对监督意见，案件相关材料将被报送上一级人民检察院复核，复核裁决为最终裁决。2015年的《深化人民监督员制度改革方案》中，明确设置了复议程序，人民检察院处理决定未采纳多数人民监督员评议表决意见，经反馈说明后，多数人民监督员仍有异议的，可以提请人民检察院复议一次。这表明，对于人民监督员的不同意见有了救济的程序，但是没有明确是同级检察院复议还是上一级检察院复议。如果是同级检察院复议，该复议能有多大意义呢？

人民监督员对案件审查后进行评议并形成最终表决意见，该最终表决意见还需经过检察机关审查处理程序。若检察长和检察委员会经审查后均不同意人民监督员表决意见，并向人民监督员作出了必要说明，参加监督的人民监督员仍持有异议，可以启动复议程序。现有复议程序有两种：一种是"上级复核"，即上一级检察机关审查所上报的人民监督员表决意见；另一种是"同级复议"，即接受监督的检察机关就人民监督员表决意见再次予以审查。就目前人民监督员监督意见效力不明的情况下，无论是"上级复核"还是"同级复议"，其实都只是再一次给予检察机关以善意的"提醒式监督"，没有实际的刚性效力。

但是，正如有学者所言："如果不赋予人民监督员制度相应的司法强制效力，对被监督者就不会产生任何强大的威慑，监督的作用恐怕就要打上大大的问号，难以起到正本清源的功效。"所以，对于复议程序，有学者提出应规定多数人民监督员对检察机关审查结果有异议的，应当提请人民检察院复议一次；如果经过复议，人民监督员还是不同意检察机关的处理决定，就应当启动上级检察机关的复核程序，让人民监督员具有提起复核的绝对主导权。而且考虑到上下级检察机关在查办职务犯罪时往往保持较为密切的关系，容易形成相同或者相似的处理结果和意见，因此当人民监督员对上级检察机关的复核不满意时，可以提请二级复议，从而最大限度地保障人民监督员的监督权利。

鉴于此，本书认为为解决监督效力微弱问题，可将2015年《深化人民监督员制度改革方案》中"可以提请人民检察院复议一次"中的"可以"改为"应当"；建议采用复核程序，即当人民监督员的意见不同于检察机关拟作的决定时，人民监督员可以向上一级检察机关复核并作出最后裁决。以下有一组数据：截止到2006年9月，在已经监督的13 547件"三类案件"中，人民监督员不同意检察机关原拟处理决定的 650 件，检察机关采纳人民监督员意见的为 299 件，占 46%。对未采纳监督意见的案件，人民监督员提请上级复核的为 251 件，占 71.5%；上级检察机关采纳人民监督员意见的为 198 件，占 78.9%。两级检察院共采纳人民监督员意见的为 497 件，占人民监督员不同意原拟处理决定案件的 76.5%。从这组数据可以直观地看出，复核程序的启动频率还是相当高的，并且人民监督员的意见在大多数情况下获得了上级检察机关的支持，这表明在人民监督员制度中设置复核程序有较为积极的作用。

同时也要明确该制度的作用是"监督"而不是"改变"，应当是"补足性"的，而不是"替代性"的，避免人民监督员因监督权的滥用而成为新的"被监督者"，引发"谁来监督监督者"问题的无限循环。

**第五十八条** ［复议后处理］　原处理决定与复议决定不一致的，由作出原处理决定的人民检察院依法及时予以变更或者撤销。

**【说明】** 本条是关于复议后处理程序的规定。

经过复议的案件，当原处理决定与复议决定不一致时，由作出原处理决定的人民检察院依法及时予以变更或撤销。本条规定表明复议决定会对原人民检察院的决定产生影响，具有一定的效力。

**第五十九条** ［异议处理］　人民检察院作出的复议决定为最终决定。复议决定与人民监督员的表决意见仍不一致的，负责复议的人民检察院应当向提出复议的人民监督员说明理由。

人民监督员仍不服该复议决定的，可以向同级人民代表大会常务委员会提出建议。

【说明】本条是关于最终异议处理程序的规定。

本条说明人民监督员可通过复议寻求救济，若仍不服复议决定，为保障案件的独立、有效处理，将复议决定作为最终决定的价值选择符合诉讼经济原则。但为了保障案件的公正、客观以及切实履行起对人民检察院的监督职责，有必要向产生检察机关的同级人大说明情况，提出建议，由同级人大常委会作出最终决定，进而达到切实履行监督的职责。

## 第五章　法律责任

**第六十条**［法律责任］　人民检察院、司法行政机关以及人民监督员应当依法履行职责，违反法律规定应当承担相应的法律责任。

【说明】本条是关于人民监督员制度中有关机关承担法律责任的规定。

本条抽象性地规定了法律责任，即人民检察院、司法行政机关工作人员以及人民监督员应当依法正当行使法律赋予的权力，否则应当承担相应的法律责任。

**第六十一条**［人民检察院、司法行政机关责任］　人民检察院和司法行政机关工作人员违反本法规定，滥用职权、玩忽职守，构成犯罪的，依法追究刑事责任；尚不构成犯罪的，依法给予警告、记过、记大过、降级、撤职、开除处分。

【说明】本条是关于人民检察院以及司法行政机关工作人员应当承担法律责任的规定。

人民检察院工作人员应当依法正当行使法律赋予的权力，否则应当承担相应的法律责任。《中华人民共和国刑法》第397

条第 1 款规定："国家机关工作人员滥用职权或者玩忽职守，致使公共财产、国家和人民利益遭受重大损失的，处 3 年以下有期徒刑或者拘役；情节特别严重的，处 3 年以上 7 年以下有期徒刑。本法另有规定的，依照规定。"若人民检察院工作人员违反"人民监督员法"，滥用职权、玩忽职守，构成犯罪的应当承担刑事责任；尚不构成犯罪的，应当承担行政责任。

司法行政机关承担着对人民监督员的选任管理职能，"人民监督员法"第 30 条规定："人民监督员由省级和设区的市级司法行政机关负责选任。县级司法行政机关按照上级司法行政机关的要求，协助做好本行政区域内人民监督员选任具体工作。司法行政机关应当健全工作机构，选配工作人员，完善选任制度机制，保障人民监督员选任工作依法有序进行。"司法行政机关工作人员应当依法正当行使法律赋予的权力，否则应当承担相应的法律责任。

"人民监督员法"没有采取列举的方式，而是将司法行政机关工作人员不当行使职权的行为概括为"违反本法规定，滥用职权、玩忽职守"。"滥用职权"是指超越职权范围或者违背法律授权的宗旨，违反职权行使程序而行使职权，通常表现为擅自处理、决定其无权处理、决定的事项，或者自以为是、蛮横无理、随心所欲地作出处理决定。"玩忽职守"是指严重不负责任，不履行或者不正当履行职责，主要表现为不履行职责或者怠于履行职责，对工作严重不负责任。

"人民监督员法"规定司法行政机关工作人员不当行使职权时承担的责任包括刑事责任和行政责任。司法行政机关工作人员违反"人民监督员法"，滥用职权、玩忽职守，构成犯罪的，应当承担刑事责任。《中华人民共和国刑法》第 397 条第 1 款规定："国家机关工作人员滥用职权或者玩忽职守，致使公共财产、国家和人民利益遭受重大损失的，处 3 年以下有期徒刑或者拘役；情节特别严重的，处 3 年以上 7 年以下有期徒刑。本法另有规定的，依照规定。"司法行政机关工作人员违反"人民监督员法"，滥用职权、玩忽职守，尚不构成犯罪的，应当承担行政责任，由其所在单位或者监察部门给予行政处分。根据相关法律规定，司法行政机关工作人员可能受到的行政处分包括警告、记过、记大过、降级、撤职、开除。

**第六十二条** [人民监督员责任]　人民监督员在监督工作中有下列行为之一的，由设区的市级或直辖市的区人民政府司法行政机关给予批评教育、责令改正，情节严重的，司法行政机关按照法定程序罢免或者解聘：

（一）偏袒一方当事人的；

（二）索取、收受财物或者牟取其他不正当利益的；

（三）泄露当事人的个人隐私、商业秘密的；

（四）严重违纪以及违法犯罪的。

【说明】本条是关于人民监督员承担法律责任的规定。

人民监督员在监督工作过程中违反规定的，应当承担法律责任，主要包括以下几种情形：

（1）偏袒一方当事人的。人民监督员履行监督职责时若偏袒一方，则很难维护好公平正义，从而产生不好的社会效果。

（2）索取、收受财物或者牟取其他不正当利益的。人民监督员实施本项规定的行为，不仅违反了"人民监督员法"规定的禁止性义务，而且还可能构成犯罪。

（3）泄露商业秘密或者个人隐私的。"人民监督员法"第 16 条第 3 项规定，人民监督员应当保守国家秘密和监督工作秘密。"监督工作秘密"包括商业秘密和个人隐私。"商业秘密"是指不为公众所知悉、能给权利人带来经济利益、具有实用性并经权利人采取保密措施的技术信息和经营信息;"个人隐私"是指私生活中不宜为外人所知的情形。无论是商业秘密还是个人隐私,都是受法律保护的,未经当事人允许,任何人不得公布于众,否则即构成侵权。因此,人民监督员对其在监督活动中知悉的商业秘密和个人隐私负有保密义务,不得泄露。

## 附　则

第六十三条　本法所称"省级以下人民检察院",不包括省级人民检察院。

第六十四条　军事检察院、铁路运输检察院参照本法执行。